Berthold Happel
Der Ball als All

Berthold Happel, pädagogischer Mitarbeiter an der DGB-Bundesjugendschule, im Vorstand des Frankfurter Fußballfanprojekts.

Berthold Happel

Der Ball als All

Mythos und Entzauberung des Fußballspiels

WESTFÄLISCHES DAMPFBOOT

Die Deutsche Bibliothek - CIP-Einheitsaufnahme

Happel, Berthold:
Der Ball als All : Mythos und Entzauberung des Fussballspiels / Berthold Happel. - 1. Aufl. - Münster : Westfälisches Dampfboot, 1996
ISBN 3-929586-68-1

1. Auflage Münster 1996

http://www.login1.com/dampfboot

Umschlag: Lütke · Fahle · Seifert, Münster
Druck: Druckwerkstatt Hafen GmbH, Münster
ISBN 3-929586-68-1

Inhaltsverzeichnis

Daran, daß dieses Buch zustande kommen konnte, haben viele einen Anteil: Bedanken möchte ich mich für die großzügigen Arbeitsbedingungen beim Haus der Gewerkschaftsjugend, für die finanzielle Unterstützung durch das Bundesministerium für und Familie, Senioren, Frauen und Jugend, für die Textbeiträge von Walter Prigge und Alfred Kolberg, von dem auch die kleine Schlußgeschichte stammt, und bei Elke Zeun für die Titelidee. Ein besonderer Dank sei gesagt der Referentin und den Referenten unserer Fußballseminare, den Beteiligten an den Podiumsgesprächen und natürlich den Seminarteilnehmern, den Fans und Fußballinteressierten. Ein herzliches Dankeschön insbesondere an den Fußballfan und Kenner der Szene Anjo Scheel, der mir so viel Hintergründiges über Fußball erzählt hat. Nicht alle Inhalte der Seminare konnten in diesem Buch wiedergegeben werden, aber – wir bleiben am Ball.

Oberursel, in der Fußballpause Juli 1996
Berthold Happel

Fußball im Seminar
Bildungsarbeit mit Fußballfans

Prolog

Etwas Geheimnisvolles muß auf dieser Erde vorgehen. All das, was die Menschen noch vor wenigen Stunden umtrieb, ist plötzlich bedeutungslos. Die Erdenbewohner sind einzig und allein auf die Flugbahn eines Balles konzentriert. Immer wenn der Ball sich einem jener beiden Rechtecke, die schräg nach unten mit einem Netz bespannt sind, nähert, geraten die Menschen in große Aufregung: Sie stöhnen, ächzen, schreien, krümmen sich, springen auf und sinken wieder in sich zusammen. Einige haben Tränen in den Augen, andere halten sich die Hände vor das Gesicht oder sitzen da wie versteinert, als ob sie all das, was die Erde gerade in Bann schlägt, nicht mehr verkraften könnten. Neunzig Minuten sind inzwischen vergangen, und der Ball hat noch keines der beiden Rechtecke durchdrungen. Das Geschehen ist unterbrochen. Ein Pfiff und die in gelb und blau gekleideten Männer jagen erneut den Ball für zwei mal fünfzehn Minuten über das große, schöne, grüne Feld. Die Menschen sind stiller geworden und näher zusammengerückt, wie von einer Ahnung erfaßt, daß nun etwas Gewaltiges heraufzieht. Da ertönt wieder ein Pfiff, und die Männer, die mit aller Kraft dem Ball nachgejagt hatten, sinken erschöpft zu Boden.
Nach einer kurzen Pause legt der Mann mit der Pfeife, der als einziger ganz in schwarz gekleidet ist, den Ball auf einen weiß markierten Punkt. Genau elf Meter vor eines jener Rechtecke, das nun nur noch von einem einzigen Spieler bewacht wird. Ein Spieler in gelb geht zum Ball, nimmt ihn in die Hände, dreht ihn etwas und legt ihn wohlüberlegt auf eine andere, von ihm ausgewählte Stelle des weißen Punktes. Dann: ein kurzer Anlauf, ein Schuß, und der Ball fliegt ins Netz!
Die Menschen kreischen, springen von ihren Sitzen auf, fallen sich um den Hals, recken die Arme in die Luft – und erstarren gleich wieder in absoluter Regungslosigkeit.
Jetzt nimmt ein Spieler in blau Anlauf, und es scheint, als nähme das Schicksal seinen Lauf. Tränen, Hoffnung, Zuversicht, Trost, Besänftigung, Lichtblick, Vorahnung, Furcht, Verzweiflung, Lähmung.

Die Vorsehung scheint diesen Spieler, Roberto Baggio, auserwählt zu haben, von ihm hängt nun alles ab. Die Blicke von Milliarden Menschen folgen seinen Bewegungen. Es ist, als ob der Lauf der Dinge in diesem Moment wie durch ein Brennglas geweitet würde. Roberto nimmt Anlauf, trifft den Ball, und der Ball beginnt zu fliegen, nähert sich Zentimeter um Zentimeter dem Viereck, in dessen Netz er landen soll. Niemand kann nun die Flugbahn noch verändern. Der Ball fliegt steil in Richtung Tor, sehr steil – *zu* steil. Er fliegt am Tor vorbei, weiter und weiter, in die Dunkelheit der Nacht. Erst als die Kameras ihm nicht mehr folgen können, richten sie sich unbarmherzig auf Roberto. Für einen kurzen Moment scheint die Zeit vollends stehen geblieben zu sein, so als wolle der Barmherzige ihm noch ein wenig Zeit geben, das Unfaßbare zu fassen. Während Millionen von Menschen in Italien niedergeschlagen in sich zusammensinken, fangen gleichzeitig Millionen von Menschen in Brasilien zu tanzen an.
Die Faszination Fußball lebt von solchen Ereignissen, und die einzelnen Bilder werden tief im Gedächtnis von Millionen Fußballfans bleiben. Aber auch der normale Spieltag schlägt die Menschen in ihren Bann. Dieses Buch handelt von dieser Obsession. Ausgehend von Seminarerfahrungen mit jugendlichen Fußballfans sollen „Mythos und Entzauberung des Fußballspiels gleichermaßen entfaltet werden. Was fasziniert am Fußball? Was macht ihn wichtig? Was rahmt ihn ein? Die einzelnen Kapitel behandeln Aspekte dieses Sports, der Spiel und Ernst zugleich geworden ist. Die Perspektive der Fans und die der Spieler sollen dabei ebenso wichtig sein wie die Reflexionen aus „distanzierter“ Sicht.
Das Spiel beginnt.

Das Fußballstadion – Wallfahrtsort moderner Großstädte

Wenn Soziologen und Psychologen von Individualisierung sprechen, dann meinen sie unter anderem auch den Verfall des öffentlichen Lebens und die damit einhergehende Vereinzelung, insbesondere der Menschen in den großen Städten. Über die sozialen Hintergründe der Individualisierung und deren Auswirkungen auf die verschiedenen Sphären des Alltagslebens gibt es mannigfache Theorien. Richard Sennett hebt in seinem Buch „Verfall und Ende des öffentlichen Lebens" den Widersinn zwischen sichtbarer Gemeinschaft und tatsächlicher Isolation hervor: „Isolation bei gleichzeitiger Sichtbarkeit für andere ergab sich als logische Konsequenz aus dem Beharren, stumm zu bleiben, wenn man sich in die chaotischen und doch anziehenden Gefilde der Öffentlichkeit hinauswagte."[1]
Dieser Widersinn, der uns im öffentlichen Leben immer wieder begegnet, wird beispielsweise während einer U-Bahnfahrt schlagartig deutlich. Auf engstem Raum sitzen oder stehen sich Mitmenschen gegenüber. Einige lesen in Büchern, andere in Tageszeitungen, manche starren gedankenversunken durch verkratzte Fenster in unbestimmte Weiten vorbeiziehender Stadtlandschaften. Ein paar Jugendliche blättern in Comic-Heften, ein älterer Mann trinkt stumm an einer Bierflasche. Es scheint so, als ob Fremde kein Recht hätten, miteinander zu reden. Die vollendetste Form, sich die Menschen des öffentlichen Lebens vom Leibe zu halten, ist der Gebrauch des Walkmans. Er reduziert die Wahrscheinlichkeit, angesprochen zu werden, endgültig auf Null. Auf der einen Seite wird der Mensch in der Öffentlichkeit mehr und mehr auf die Rolle des passiven Beobachters reduziert, auf der anderen Seite ist das öffentliche Leben zu einer Sache der Beobachtung und des Voyeurismus geworden. Öffentliche Erfahrung beschränkt sich damit zunehmend auf das Auge, da sich zwischen den potentiellen Kommunikationspartnern unüberwindbar die Mauern des Schweigens auftürmen.[2]
Etwa zweimal im Monat, in der Regel am Samstagnachmittag, herrscht in Teilen der Stadt ein Ausnahmezustand. An einem dieser Samstage gestaltete sich für mich dieser Ausnahmezustand, der um wenige Minuten nach halb drei am Frankfurter Südbahnhof begann – es waren genau diese wenigen Minuten, die ich zu spät war, um noch den Sonderzug in Richtung Eintracht-Stadion zu erwischen –, wie folgt:

Auf den Treppen zurück ins Innere des Bahnhofs kommt mir schnaubend jemand entgegen. Schon in diesem Moment bin ich mir sicher, aus welchen Gründen auch immer, daß es sich hier um einen Bauarbeiter handeln muß und daß er zum Eintrachtspiel will. Ich winke ihm ab: „Zu spät, er ist schon weg!“ Er, ja wer denn? Für den Mann war sonnenklar, daß natürlich der Zug gemeint war. Er atmete zweimal schwer durch und erwiderte: „Dann fahren wir über den Hauptbahnhof zum Stadion.“ „Jetzt noch über den Hauptbahnhof?“, frage ich mit skeptischem Blick zurück. Daraufhin präsentiert er mir alle Linien, das dazugehörige Gleis und die Abfahrts- und Ankunftszeiten aller Züge und Bahnen in Richtung Stadion. Tief beeindruckt, aber noch keineswegs überzeugt, entgegne ich ihm, daß wir nach diesem Streß bestenfalls ein paar Minuten früher als der nächste Sonderzug, der in einer halben Stunde hier abfährt, im Stadion sein würden. Mittlerweile stehen noch drei oder vier ebenfalls zu spät Gekommene um uns herum, die von meinen Einwänden ebenfalls wenig halten. Sie waren ganz hektisch, wie auf einer Flucht, und einer von ihnen meinte schließlich, während er sich schon in Richtung Hauptbahnhof bewegte: „Los komm!“ Ich folgte ihnen. Bei dem „Bauarbeiter“ handelte es sich tatsächlich um einen Bauarbeiter und nicht nur um irgend einen: Dieser Mann hatte sich in den letzten Jahren unentwegt durch den Untergrund von Frankfurt gewühlt, damit neue U- und S-Bahnstrecken entstehen konnten. Kein Wunder, daß er den gesamten U- und S-Bahnfahrplan im Kopf hatte, denn, das betonte er öfter, er kenne sich unterhalb Frankfurts besser aus als oben. Wir redeten unentwegt: über Untergrundbahnen, die schnellsten Wege zum Stadion, über die Zuschauerzahlen, über die Mannschaftsaufstellung, über Stepanovic, über Andreas Möller, über Bein und Stein. Die um uns Herumstehenden schalteten sich mal ins Gespräch ein und mal wieder aus. Je näher wir dem Stadion kamen, desto mehr Gesprächsrunden bildeten sich. Sie brachen wieder auseinander, bildeten sich neu und ergaben bald durch den ganzen Zug ein zusammenhängendes, brodelndes Kommunikationsgeflecht. Von der S-Bahnstation zum Stadion ist noch eine solide Wegstrecke zu Fuß zurückzulegen. Man geht mit Höchstgeschwindigkeit, einige wechseln ständig zwischen Gehen und Laufen. An den Kontrollpunkten haben sich Staus gebildet. Hinter dem letzten Kontrollpunkt beginnt die Treppe, die uns zu unserem Block bringt. Wir nehmen sie im Spurt und sind da: Der Blick fällt in das weite Rund des Stadions, und man taucht ein in das Stimmungsmeer abertausender Fußballfans.

Wir sind etwas spät. Als wir unsere numerierten Plätze auf der Gegentribüne einnehmen, werden gerade vom Stadionsprecher die Namen der Spieler verlesen. Er liest nur den Vornamen, die Nachnamen überläßt er den Fans, die wie ein bestens erprobter Chor die Namen in das Oval des Stadions tönen. Natürlich beteiligen sich nicht alle Zuschauer an dem Ritual. Auf der Gegentribüne sind es vor allem Kinder, die leidenschaftlich den Namenschor verstärken, während ihre Väter eher zögernd in die Hände klatschen und verhalten johlen.

Ganz anders geht es 70 bis 80 Meter weiter links von uns ab. Dort befindet sich der legendäre Frankfurter G-Block, in dem sich die Quelle aller Stadionaktivitäten und aller Stadiongeräusche befindet. Dort werden die Nachnamen der Spieler Silbe für Silbe mit einer Intensität intoniert, als ob die Kampfkraft der Spieler unmittelbar mit der Ausrufung ihrer Namen verknüpft sei. Entsprechend der Eigenschaften eines Spielers und je nach Art seines Namens bekommt der melodische Ruf des Namens ein ganz spezifisches Klangbild, das in gewisser Weise seine Bedeutung für den zu erringenden Sieg widerspiegelt. Unterstrichen wird die Anrufung noch durch eindeutige Gesten wie die geballte Faust oder den hochgereckten Finger.

Auf den sich an den G-Block anschließenden Stehplätzen im westlichen Teil des Stadions scheint es ebenfalls wesentlich lebhafter zuzugehen als in unserer fast schon neutralen Sitzplatzzone. Relativ unspektakulär auch das Geschehen auf der gegenüberliegenden Haupttribüne, während das Pendant zum G-Block, die gegnerischen Fans, direkt nebenan auf den Stehplätzen eine zweite Lärmkulisse bilden, die mit dem Frankfurter G-Block um die akustische Vorherrschaft im Stadion einen hoffnungslosen Kampf zu führen beginnt. Ihr Lärm klingt etwas verzweifelt, so als ob ihnen bewußt sei, daß sie mit einer wesentlich kleineren Anzahl von Kehlen gegen den heimischen Lärmpegel anschreien müssen.

Nach dem Verlesen der Spielernamen mündet der Stadionlärm in einen entspannten Applaus, in den sich einige Fanfarenklänge, tiefkehliger Jubel und vereinzelte Gesänge mischen.

Sowie dann der Pfiff des Schiedsrichters verhallt ist und der Ball vom Mittelpunkt des Spielfeldes in Bewegung gesetzt wurde, kehrt wieder etwas Ruhe ins Stadion ein. Die Zuschauer, die noch stehen, nehmen ihre Plätze ein. Einige rutschen und ruckeln noch etwas hin und her, bis sie die optimale Position gefunden haben, dann richtet sich alle Konzentration auf das Geschehen des Spielfeldes, von dem nun die Dramaturgie der kommenden 90 Minuten ausgeht.

Bevor wir uns aber nun dem Spiel zuwenden, sollten wir einen kurzen Blick zurückwerfen und uns fragen, was gerade passiert ist, schließlich haben wir an einem Ritual teilgenommen, das mit unserem geregelten und gesetzten Alltagsleben kaum etwas gemein hat.[3]

In den verschiedenen Ritualen und Praktiken des Spielanfangs – Ausrufen der Spielernamen, Werfen von Konfetti, Bierdeckeln und Papieren aller Art („Papiersturm"), Fanfarenstöße, Hymnen und Anfeuerungsrufe – wird eine Polarisierung eingeleitet, mit dem Ziel, die Fußballspieler zu Kampfsubjekten hochzustilisieren, mit denen sich nun die eigentlich passiven Zuschauer identifizieren, zum Teil in einem Ausmaße, daß man meinen könnte, sie wären selbst am Kampf beteiligt.

Das Fußballstadion als Ort der kontrollierten Abkehr von Zivilisiertheit und Selbstbeherrschung

Daß der Mensch in der Masse in bestimmten Situationen mitunter recht seltsame Dinge tut, ist hinlänglich bekannt. Wenn eine große Anzahl von Menschen sozusagen den Verstand verliert, sprechen wir von einer Massenpsychose. Im Rahmen von Fußballspielen sind schon viele unschöne und schreckliche Dinge geschehen, aber selbst das ganz normale Schauspiel an einem Samstagnachmittag geht über das hinaus, was wir in unserer Kultur gewöhnlich als vertretbar ansehen. Ein zentraler Grund dafür liegt m.E. darin, daß Fußball ein Ereignis ist, bei dem an Kollektiverlebnisse angeknüpft wird, deren Wurzeln bis weit vor unseren Zivilisationsprozeß zurückreichen. Die Menschen in modernen Industriegesellschaften sind einem zivilisatorischen Druck ausgesetzt, der die Affekte und Emotionen unter ständiger Kontrolle hält. Für die Zurückdrängung und Unterdrückung des „Trieb- und Affekthaushaltes" (Elias)[4] werden die Menschen zwar auf lange Sicht mit wirtschaftlicher und materieller Effizienz belohnt, doch die permanente Verdrängung aktueller Befindlichkeiten und der spontan aufflackernden Bedürfnisse erzeugt offenbar einen immer größeren Druck. Damit das hochkomplexe Zusammenleben in modernen Industriegesellschaften ohne Reibungsverluste vonstatten gehen kann, sind wir geradezu gezwungen, uns „in der Gewalt zu haben", insbesondere den Männern ist es „verboten", Emotionen und Gefühle in der Öffentlichkeit zu zeigen. Es gibt eigentlich kaum noch Situationen, in denen die damit einhergehende Körperdisziplinierung aufgehoben ist. Das erzielte Fußballtor stellt insofern eine tabuüberbrückende Situation her, in der Männer vor den Augen tausender Zuschauer sich hemmungslos umarmen, knutschen und küssen können.
Sozialwissenschaftler wie Csikszentmihalyi und Pilz[5] leiten aus der Dämpfung des Trieb- und Affekthaushaltes ein verstärktes Bedürfnis nach affekti-

ven Erlebnissen ab. Der sich verstärkende Trend in der erlebnisorientierten Freizeitwelt zu immer abenteuerlicheren und risikoreicheren Unternehmungen belegt diesen Zusammenhang. Die Lust am Risiko, an Grenzsituationen und an Körpererfahrungen ist ein modernes Phänomen, das in unterschiedlichen Formen immer mehr Menschen in der „verampelten Gesellschaft" (Pilz) fasziniert.

Während Reinhold Messner auf Skiern durch die Antarktis läuft, oder sich ein paar Manager per Helikopter zu den Tiefschneehängen Kanadas fliegen lassen, hängen sich Jugendliche an S-Bahnzüge oder an ein Bungeeseil. Zwar ist die Anzahl derer, die derart abenteuerliche Dinge tun, noch gering, aber die Liste der Extremsportarten wird immer länger und die Zahl der Extremsportler immer größer.

Unter den Massensportarten ist der Fußball wohl diejenige Sportart, die am meisten Emotionen freisetzt. Nicht nur die 22 Spieler schießen, laufen und rennen, als ob es um ihr Leben ginge, auch die Zuschauer jubeln, hadern, weinen, schreien, fanatisieren sich und spielen innerlich mit. Je nach Dramaturgie eines Spiels verfallen sie in eine Fußballpsychose und benehmen sich, als hinge nicht nur ihr eigenes Wohl und Wehe, sondern das der ganzen Welt vom Ausgang des Spiels ab.

Spricht man Fußballfans auf ihr Verhalten im Stadion an, kann man die unglaublichsten Geschichten zu hören bekommen. Eine alte Dame, die in 30

Jahren nur ganz wenige Heimspiele der Eintracht verpaßt hat, führt sogar ihre robuste Gesundheit auf ihr Verhalten im Stadion zurück: „Ich bin die Woche über eigentlich ein ganz ruhiger Mensch, aber am Samstagnachmittag, wenn ich bei der Eintracht bin, dann schreie und trampele ich alles raus. Deswegen bin ich nie krank gewesen."
Jugendliche begreifen ihr Treiben in der Fankurve als „die Sau rauslassen", als „den Asozialen spielen", „Party machen" usw. Für all diese Fans wird das Stadion zu einem Ort, in dem der moderne Mensch seinem angespannten Seelenhaushalt einen Ausgleich verschafft, indem er sich endlich einmal seiner alltäglichen Zwänge entledigen und seinen Gefühlen freien Lauf lassen kann.

Die La-ola-Welle

Zu den harmloseren Gesten des Ausagierens, die die Fans in die Lage versetzen, sich miteinander in Einklang zu fühlen, gehört die beliebte La-ola-Welle. Sie nimmt in der Regel im heimischen Fanblock ihren Anfang und setzt sich dann durch das gesamte Rund des Stadions fort. Die Welle ist m.E. diejenige Gemeinschaftsgeste, mittels derer die gesamten Zuschauer eines Stadions am deutlichsten miteinander in Kommunikation treten, auch wenn der einzelne Fan und die diversen Fangruppen in sehr unterschiedlicher Weise an dem Spektakel teilnehmen. Sieht man sich die Entstehung und den Verlauf einer Welle einmal genauer an, wird deutlich, daß sich in dem kurzen Leben einer Welle viel von der Soziologie eines Stadions spiegelt und sie sehr viel über ihre Produzenten, ihre Träger und ihre Töter erzählt:

Die Welle wird geboren

Bevor die Welle überhaupt entstehen kann, muß eine bestimmte Stimmung im Stadion entstanden sein. Es muß eine gewisse Begeisterung für das Spiel da sein, es muß Freude aufkommen, und es gehört auch eine gewisses Moment von gelöster Stimmung dazu (es wäre z.B. undenkbar, daß die Welle während eines Elfmeterschießens entsteht).
Sind diese Stimmungskriterien erfüllt, beginnen bestimmte Personen im Fanblock (in Frankfurt ist das der G-Block) mit dem Rückwärtszählen in Richtung Null. Damit mehrere Fans in das Zählen einstimmen, muß nicht nur die Stimmung getroffen sein, es müssen auch die richtigen Personen zu zählen beginnen. Die Personen sind im Fanblock bekannt und stehen auch

an ganz bestimmten Stellen. Wenn genug Fans mitzählen, signalisiert dies den Fans im Block, daß bei Null unter lautem Gebrüll die Arme hochzuwerfen sind. Das ist die Geburt einer Welle.

Die Richtung der Welle

Grundsätzlich gäbe es zwei Möglichkeiten für die Welle, sich fortzupflanzen: mit oder gegen den Uhrzeigersinn. Sollte sich in Frankfurt die Welle gegen den Uhrzeigersinn drehen, so würde sie wohl nie richtig zum Leben erweckt, denn zwischen dem Fanblock und der Gegentribüne sind nicht nur ein hoher Zaun und ein breiter Gang, sondern gibt es auch eine nahezu unüberbrückbare Barriere, die darin besteht, daß mit den dort ruhig sitzenden Fans kaum kommunikativer Austausch besteht. Die Welle kann (aus Sicht des G-Blocks) nur nach links hinüber in die Blöcke unterhalb der Anzeigetafel laufen, in denen zwar die etwas älteren Fans stehen, die aber immer noch eine gewisse Leidenschaft mit Mannschaft und Verein verbindet.

Die Welle auf dem Weg zur Haupttribüne

Sie tragen den Impuls aus dem G-Block durch ihr Halbrund in Richtung Haupttribüne. Dort, und das weiß jeder Fan, erwartet die Welle schwieriges Terrain. In weiser Voraussicht versucht man deshalb, der Welle mehr Schwung zu geben, indem man sie aus dem G-Block heraus mit Anfeuerungsrufen beschleunigt und verstärkt. Manchmal geht der Geburt einer Welle sogar ein Beschimpfungsritual voraus. Der G-Block ruft „Scheiß Tribüne" oder ähnliche Fiesigkeiten in Richtung jener, deren Körpergewicht während des Fußballspiels auf dem „Arsch" ruht anstatt auf den Füßen. Die Beschimpfungsriten erinnern etwas an die Wut der Entrechteten gegen die privilegierten Klassen. Versandet nun die Welle in der Trägheit der im Stadion sitzenden „herrschenden Klasse", so folgt eine Palette von gemeinen Sprüchen, wovon der Spruch „Sitzen ist für'n Arsch" der wohl harmloseste ist. Befindet sich die Welle noch lebend in der Haupttribüne, so wird sie auch dort mit Rufen begleitet, wobei die Rufe einen höhnischen Beiklang bekommen, so als ob die Fans der trägen Masse auf der Haupttribüne mitteilen wollten: „Oh, ihr bekommt ja ausnahmsweise mal euern Arsch hoch."

Die Welle im gegnerischen Fanblock – Alles oder Nichts

Wenn die Welle den schwierigen Weg durch das Publikum der Haupttribüne genommen hat, so steht ihr eine neue Bewährungsprobe bevor: der Block der gegnerischen Fans. In diesem Block gibt es keine halben Sachen; entweder gibt man die Welle weiter oder man ignoriert sie vollends. Im ersten Fall bekommt die Welle einen kraftvollen Schub neuer Energie verpaßt, und diese Energie wird dann sofort von den heimischen Fans durch lauten Beifall gewürdigt. Im zweiten Fall wird die Welle unterbrochen, was aber noch nicht heißt, daß sie im gegnerischen Block stirbt. Zum einen wird die Ignoranz durch die heimischen Fans durch laute Buhrufe kommentiert, und zum anderen setzt sie sich, wie Phönix aus der Asche, in dem Block vor der Gegentribüne weiter fort.

Die Gegentribüne – weder Freund noch Feind

In der Gegentribüne stirbt die Welle selten. Sie bekommt aber auch keine neue Nahrung. Das charakterisiert auch die dort sitzenden Zuschauer. Es ist eine Tribüne ohne große Extreme. Die Zuschauer bilden hier bis auf wenige Ausnahmen (es gibt auch ein paar richtige Fans darunter) eine recht homogene Kulisse, die zwar hofft, daß die Eintracht gewinnt, die aber auch einmal einen gelungenen Spielzug des Gegners zu würdigen weiß. Ohne große Leidenschaft wird so die Welle in Richtung G-Block durchgereicht. Aus der Perspektive des G-Blocks offenbart sich aber ein grandioses Schauspiel. Durch den besonderen Blickwinkel (man schaut flach über die Zuschauerränge) sieht man die Welle auf sich zurasen, und dieser Blick hat fast schon etwas Bedrohliches an sich. Die Fans geraten dann richtig in Stimmung („sieht das nicht geil aus", fragte ein Fan neben mir), und je näher *ihre* Welle kommt, desto lauter werden auch ihre Lockrufe (oah, oah, oah, oah, oah).

Die Welle passiert den G-Block

Ich denke jeder kann sich ausmalen, was im Block los ist, wenn die Welle die erste Runde im Stadion überstanden hat. Sie bekommt nun einen erneuten Vitalitätsschub und geht gestärkt in die zweite Runde. Je nach Stimmung schafft eine Welle zwei, drei oder gar vier Runden, bis sie schließlich irgendwo in den Rängen der Haupttribüne kraftlos niedergeht.
(Auch wenn man selbst kein Anhänger solcher Gemeinschaftsgesten und Massendarbietungen ist: ganz unbeeindruckt bleibt man davon nicht.) Für die Fußballfans ist es ein Spektakulum unter vielen anderen, und man fragt sich schließlich, wer wohl mehr Spaß hat: der Zuschauer aus der Loge, der für 30.000 DM (es ist kein Druckfehler) im Jahr sein Auto vor der Haupttribüne parken darf und im separierten Kabinchen bei Kaviar, Lachs und Sekt dem Spiel zuschaut oder der leidenschaftliche Fan, der bei jedem Wetter dicht an dicht in der Kurve steht. Für die Fans stellt sich diese Frage gar nicht, sie sind einfach da, wo sie hingehören, sie machen Stimmung, sie treiben die Mannschaft an, sie geben im wahrsten Sinne des Wortes den Ton an und lenken das Schicksal im Stadion. Was will man mehr.

Fußballfans zu Besuch im Frankfurter Waldstadion

Wenn man in Frankfurt die Stadion GmbH anruft und um einen Besuchstermin bittet, so wird man in der Regel an Herrn Ulzheimer verwiesen. Man muß mit ihm nur ein paar Worte gewechselt haben, um festzustellen, daß es sich bei diesem Herrn um einen Idealisten handelt, dessen Herz ein Leben lang für den Sport geschlagen hat. Für Herrn Ulzheimer, der nicht nur für die Stadionbesuche zuständig ist, sondern auch für das kleine Sportmuseum auf dem Gelände des Waldstadions, sind junge Leute, die sich für Sport interessieren, immer willkommen.

Diesmal haben wir uns mit einer Gruppe von etwa 30 Fußballfans, alles Teilnehmer eines Fußballseminars der DGB-Bundesjugendschule in Oberursel, bei Herrn Ulzheimer angemeldet. Wir treffen ihn Punkt 3 Uhr vor Block 8 der Haupttribüne. Daß einige noch mit dem Ball rumspielen und ihm noch nicht zuhören stört ihn wenig. Aus reiner Neugier fragt er den einen oder anderen, wo er herkommt, und es fällt ihm zu jedem Stichwort eine Anmerkung oder eine kleine Geschichte ein. Nach dem kurzen Begrüßungsritual und ein paar einführenden Worten zum Stadion sind die angereisten Fußballfans peu a peu zu seinen Zuhörern geworden. Daß Herr Ulzheimer einmal im 800-Meterlauf eine Bronzemedaille gewonnen hat, erfahren die Teilnehmer nicht, daß er aber ein begeisterter Sportler ist, hat wohl jeder gemerkt.

Herr Ulzheimer führt uns zunächst in die VIP-Räume und erzählt den Fans, wie viel ein VIP im Jahr zu zahlen hat, damit er in diesen Räumen vor, während oder nach dem Spiel etwas Besseres zu essen bekommt als die übliche Bratwurst, die es rund ums Stadion zu kaufen gibt. Ganz abgesehen davon, daß man als 18jähriger Fußballfan kaum nachvollziehen kann, wie jemand auf die Idee kommt, den Nettojahresverdienst eines Arbeiters für eine Jahreskarte „abzudrücken" und dann auch noch so einen geschmacklos eingerichteten Raum geboten bekommt, läßt viele zumindest an dem Preis-Leistungs-Verhältnis zweifeln.

Herr Ulzheimer geht anschließend mit uns durch die Technikräume, durch den winzigen Presseraum und führt uns dann in jene Kabinen, in denen sich weltbekannte Stars wie Uwe Bein, Uli Stein und Anthony Yeboah umgezogen haben. Die Teilnehmer sind enttäuscht. Sie haben sich vielleicht nicht unbedingt goldene Türgriffe und Wasserhähne vorgestellt, aber das, was sie hier zu sehen bekommen, wirkt auf sie in hohem Maße ernüchternd. „Da sind ja manche Anlagen von A-Klasse-Mannschaften besser ausgestattet", meinte ein Teilnehmer und brachte damit den ersten Eindruck auf den Punkt.
Während einige noch auf die Tafel an der Wand schauen, als ob da noch etwas von der Eintrachttaktik und den Spielzügen der letzten Woche zu erkennen sei, schließt Herr Ulzheimer endlich das Tor auf, das uns auf jenen Flekken Erde treten lassen wird, von dem tatsächlich ein gewisser Zauber ausgeht. Die Seminarteilnehmer betreten die Aschenbahn, nur noch wenige Schritte, und sie stehen da, wo jeder kleine Junge einmal stehen will: auf dem heiligen Rasen.
Herr Ulzheimer geht andächtigen Schrittes zum Zentrum des Platzes, und die Teilnehmer folgen ihm. Das Eintracht-Stadion war einmal eine Schießanlage (!), erklärt er und macht die Teilnehmer darauf aufmerksam, daß im Waldstadion die Zuschauer auf den teuren Plätzen in die Sonne schauen müssen. Er zählt die verschiedenen Umbauphasen auf, nennt die Eintrittspreise der jeweiligen Blöcke und gibt zu bedenken, daß die Stadion GmbH bei einem Madonna-Konzert ein Vielfaches der Einnahmen eines Fußballspiels hat. Die Teilnehmer erfahren hier noch einmal vor Ort, daß die Einnahmen aus dem Fanblock für die Stadion GmbH nur ein Tropfen auf den heißen Stein sind und daß die Stadt den Fußball ohnehin kräftig bezuschußt. Anjo Scheel, damals noch Vorsitzender aller Frankfurter Fußballfans, erklärt den Teilnehmern, welche Wünsche die Frankfurter Fans bei dem nächsten Stadionumbau geltend machen wollen. Sie wollen aus ihrem Block G, der sich in einem Winkel von 45° im westlichen Teil des Stadions befindet, heraus und in die Mitte der Gegentribüne. Dort hätten sie eine bessere Sicht und mehr Kontakt mit den durchschnittlichen Fans, was vorteilhaft für die Stimmung im Stadion sei. Daß es dieses Stadion in ein paar Jahren gar nicht mehr geben wird, wußten – oder sagen wir besser ahnten – zu diesem Zeitpunkt nur einige wenige in den oberen Dienststellen der Stadt Frankfurt. Das alte Eintrachtstadion wird, falls die aktuellen Pläne Wirklichkeit werden, abgerissen, und direkt neben dem Stadion wird dann eine der modernsten und gewaltigsten Sportstätten der Welt stehen: der Skydome.
Was macht man in einem leeren Stadion? Zunächst sucht man sich einen markierten Punkt. Man geht unwillkürlich in die Mitte und schaut von dort

etwas verloren in das weite Rund. Mit der Zeit aber werden einige Teilnehmer aktiv. Nachdem der offizielle Teil vorbei ist, wollen sie in den Fan-Block. Dort angekommen, rufen sie: „Eintracht, Eintracht, Eintracht“. Danach rufen andere ihren Heimatverein an. Andere haben sich einen Ball geschnappt und rennen mit ihm wie wild über den Rasen. Vor den beiden Toren haben sich kleinere Grüppchen zusammengefunden und schießen Elfmeter. Herr Ulzheimer läßt sie gewähren, obwohl er noch vor ein paar Minuten erklärt hat, mit welchem Aufwand der Rasen gepflegt wird. Bevor wir das Stadion verlassen, werden noch zahlreiche Erinnerungfotos geschossen.
Obwohl es genaugenommen im Eintrachtstadion nicht viel zu sehen gibt, kommt bei den Jugendlichen mehr Begeisterung auf als bei einer gewöhnlichen Betriebsbesichtigung.
Sie haben dort gestanden, wo sonst nur „Deutschlands Nr. 1“, Uli Stein, stand, sie haben auf jenem Punkt gestanden, von dem berühmte Fußballer einen Elfmeter ge- oder verschossen haben, und letztendlich waren sie überall dort (VIP-Räume, Umkleidekabinen), wo sonst kein „Normalsterblicher“ hinkommt. Für einen Moment haben sie ein wenig von dem Geist und dem Flair des faszinierenden Lebens der Fußballstars aufgesogen, und es scheint so, als ob ein wenig von dem Zauber auf sie übergegangen sei, den sie bei ihren Helden auf dem Rasen vermuten. Als Beweis bleiben ein paar Fotos, die sie allen zeigen können, denen Fußball etwas bedeutet. Die Geschichte des Stadions haben sie sich angehört, die finanziellen Probleme der Stadion GmbH interessierten weniger, viel wichtiger war es, selbst leibhaftig dort gewesen zu sein, alles mit eigenen Augen gesehen und selbst den Raum betreten zu haben.

Das fan-gerechte Stadion

Wie würde eigentlich ein Fußballstadion aussehen, das ganz nach den Wünschen jugendlicher Fußballfans gebaut wäre? Um diese Frage zu beantworten, haben wir rund 30 jugendliche Fußballfans in vier Arbeitsgruppen aufgeteilt und sie gebeten, ihr Wunschstadion zu entwerfen.
Zu Beginn der ersten Arbeitsphase befindet sich die Skizze eines Fußballstadions noch verdeckt an der Innenseite einer Klapptafel. Als wir diese aufklappen, verstummt für einen Moment alles Gegrummel und Gemurmel, das üblich ist, wenn viele junge Männer versammelt sind, deren berufliche Sozialisation sich vornehmlich in gewerblichen Betrieben vollzieht. Für einen Augenblick scheint es so, als ob von dieser Tafel, an die immerhin jemand

das Herzstück des Fußballspiels gezeichnet hat, eine gewisse Magie ausginge.
Für Fußballunkundige ein kaum nachvollziehbarer Vorgang, denn nur der, der von der Magie des Fußballspiels beseelt ist, kennt das sonderbare Gefühl, das sich einstellt, wenn man zufällig an „seinem" Stadion vorbeifährt. Obwohl es leer und verlassen daliegt, meint man, etwas von der Atmosphäre zu spüren, die während des Spiels herrscht. Es scheint fast so, als sei das Stadion, wie eine heilige Stätte, von einer besonderen Aura umgeben.
Möglicherweise ist diese Faszination auch durch das Tafelbild ein wenig geweckt worden, denn alle gehen zielstrebig in ihre Arbeitsgruppen, um ihr Traumstadion auf einer Wandzeitung zu entwerfen. In den Arbeitsgruppen wurde leidenschaftlich über diverse Details diskutiert und gestritten. Einigkeit unter den Teilnehmern herrschte in bezug auf die folgenden Punkte:

1. Es soll nach wie vor in den Stadien „für die jüngeren Fans", also für sie selbst, ausreichend Stehplätze geben.
2. Die Zuschauer sollen so dicht wie möglich an den Spielfeldrand rücken, damit sie hautnah am Geschehen sind. Keine 400m-Bahn, ein reines Fußballstadion wird gewünscht.
3. Für die Fans der Heim-Mannschaft sollen im unteren Teil der Gegentribüne Stehplätze vorhanden sein, damit die vereinstreuen Fans das Spielgeschehen aus nächster Nähe verfolgen können.
4. Für die gegnerischen Fans werden im fangerechten Stadion in einer der gegenüberliegenden Ecken Sitzplätze reserviert.
5. Sowohl die Sitz- als auch die Stehplätze sollen vollständig überdacht werden.
6. Strittig, aber nicht so wichtig, war der Wunsch nach vier Anzeigetafeln: in jeder Ecke eine.
7. Am härtesten gestaltete sich die Auseinandersetzung um das Ja oder Nein zur VIP-Loge. Bei allen schien eine diffuse Antipathie gegenüber jenen zu bestehen, die bei Sekt und Kaviar in ihren wohltemperierten Kabinen dem Spiel beiwohnen. Irgendwie sprach man diesen wohlgenährten Zivilisationsweichlingen all die Attribute ab, die einen wahren Fan ausmachen. Folglich könne man auf sie und damit auch auf die teuren Kabinen verzichten. Andererseits gaben einige Teilnehmer zu bedenken, daß die VIPs dem Verein auch eine Menge Geld bringen würden. Und da sie bereit seien, so viel Geld für ihre Plätze zu zahlen, müßte man auch sie als Fußballfans anerkennen. Außerdem könne man nie sicher sein, ob nicht der eine oder andere in ein paar Jahren auch irgendwo da

oben sitze. Gegen Ende der Diskussion neigte die Mehrheit des Seminars dazu, die VIPs als „Fußballfans mit Schlips und Kragen“ zu akzeptieren. Ein Fan faßte sich schließlich ein Herz und zeichnete nachträglich in die größte und schönste Stadionskizze, die sich an der Pinwand befand, die VIP-Loge ein.

8. Bezüglich der Sicherheitsvorkehrungen und der Abschirmung des Spielfeldes entschied man sich für recht drastische Maßnahmen. Dazu zählten Sperrgitter, Zäune (die aber nicht die Sicht versperren), (Wasser) Gräben, Alkoholverbot und Stadionverbot für Betrunkene.

Vor dem Spiel solle ein Fest mit Bands usw. stattfinden, nach dem Spiel ein Treffen mit den Spielern.

Kleine Stadiongeschichte – Vom Spielfeld zum Superstadion

Das Vorhandensein eines richtigen Fußballfeldes ist in der Geschichte des einzelnen Fußballfans wie auch in der Geschichte des Fußballspiels, keine Selbstverständlichkeit, von einem richtigen Stadion ganz zu schweigen. Gespielt wurde in Straßenecken, auf Dorfplätzen, auf Wiesen und Feldern. Denkt man an die Anfangszeit des Fußballspiels zurück, so muß man sich unbegrenzte Spielflächen vorstellen, auf denen eine unbestimmte Zahl von Spielern ohne Regeln einem ballähnlichen Gebilde nachjagte. Die Idee, das Spielfeld zu begrenzen und einen weichen Untergrund zu wählen, stammt aus den englischen Public Schools.

Jahre später, als die Fabriken das Spiel von den Schulen übernahmen, wurden in Bahnhofsnähe Spielfelder angelegt, die von terrassenförmigen Böschungen umgeben waren. Da nur wenige Sitzreihen überdacht waren, war die Mehrheit der Zuschauer den Unbilden des Wetters ausgesetzt. Die Begeisterung der ständig wachsenden Zahl von Fußballanhängern nahm davon keinen Schaden. Im Gegenteil: Gerade durch den „Härtetest" konnten die Fans ihre ganze Leidenschaft für das Spiel zum Ausdruck bringen. Bis heute weigern sich die jungen Fans („Sitzen ist für'n Arsch!"), auf überdachten Sitzplätzen „Platz zu nehmen", während ihre Mannschaft auf dem Feld um den Sieg kämpft.

Als sich dann in der Mitte des 20. Jahrhunderts größerer Wohlstand in den Industrieländern ausbreitete und auch die Arbeiter vom Fahrrad auf das Auto umstiegen, wurden neue moderne Stadien in atemberaubender Größe gebaut. Tausende von Sitzplätzen zogen sich in langen Reihen und gewaltigen Kurven um das Spielfeld, das in den meisten Fällen von einer 400m-Bahn eingerahmt war. Über den aufstrebenden Tribünen schwebten zuweilen kühn geschwungene Dächer und an den Ecken reckten sich kirchturmhoch die Flutlichtmasten in den Himmel.

Die größten und eindrucksvollsten Stadien der Welt befinden sich interessanterweise nicht in den reichen Ländern des Westens, sondern in ärmeren Ländern wie Brasilien oder Mexico. Das vor über 40 Jahren gebaute Maracana-Stadion in Rio de Janeiro hält mit 200.000 Zuschauern nach wie vor den Rekord.

Während es in Europa in den letzten Jahrzehnten keine nennenswerten Neuerungen mehr gegeben hat, präsentierten die US-Amerikaner mit dem Astrodome in Houston und dem Pontiac Silverdome in Michigan ein neues Stadionkonzept. Vollständig überdacht, vollklimatisiert, verschiedene Re-

staurants, künstlicher Rasen und natürlich Tausende von Parkplätzen rundherum, denn schließlich kommt in Amerika jeder per Auto zum Spiel. Ob unsere Stadien der Zukunft ebenso werden, bleibt abzuwarten. Der künftige Skydome in Frankfurt wird zwar nicht so viele Parkplätze aufweisen, dafür aber ganz andere Superlative bieten.
Ob in solchen High-Tech-Tempeln, die im eigentlichen Sinne ja keine richtigen Fußballstadien[6] sind, auf Dauer die europäische Fußballkultur mit all ihren Leidenschaften und Ritualen überlebt, wird sich zeigen.

Begegnung zweier Welten

Was hat ein Fußballfan mit der Universität Frankfurt zu tun? Nichts! Umgekehrt: Was hat die Universität Frankfurt mit dem Fußball zu tun? Auch eigentlich nichts, wenn es Herrn Prigge nicht gäbe. Walter Prigge, Dozent, ist bekannt als jemand, der im „Turm"[7] Seminare zum Thema Fußball abhält. Nun, Dozenten werden schlecht bezahlt, und so erklärt es sich, daß Herr Prigge, nach einer durchaus interessanten Eröffnungsveranstaltung vor ca. 100 Studenten in einem mittelgroßen Raum, in dem etwa 35 Personen gut sitzen können, nichts anderes tat, als das Buch von Bill Buford, „Geil auf Gewalt", in 10 oder 12 Referate aufzuteilen und in einzelnen Sitzungen zu besprechen. Das führte mit der Zeit dazu, daß der Raum wieder groß genug für das Fußballseminar war. Eigentlich schade, denn Herr Prigge versteht durchaus etwas von Fußball, und er stellt Betrachtungen an, über die Fußballfans wahrscheinlich noch nie im Leben nachgedacht haben.
Da es mir immer schon Spaß gemacht hat, unterschiedliche Welten zusammenzubringen, lud ich Walter Prigge zu unserem Fußballseminar ein, und so stand eines Tages Herr Prigge mit seinem Referat „Fußball symmetrisch" 30 Fußballfans gegenüber. Daß er es nicht leicht haben würde, war klar. „Ein Dozent der Universität Frankfurt spricht über Fußball, ha, ha. Echt witzig, Leute von der Uni haben doch gar keine Ahnung von Fußball", so oder ähnlich klang es aus der proletarischen Ecke. Immerhin, ein paar waren neugierig, was so ein Typ über Fußball zu erzählen haben könnte.
Herr Prigge erschien wie verabredet und begann, wie an der Uni *(cum tempore)*, mit leiser Stimme seinen Vortrag, besser gesagt seine Vorlesung. Der Inhalt seines Referats war mit dem im folgenden Kapitel abgedruckten Text (s. S. 27ff.) weitgehend identisch. Erwähnt sei, daß Herr Prigge im Unterschied zur schriftlichen Fassung einige Fremdwörter wegließ und bemüht war, eine Sprache zu sprechen, die auch Normalsterbliche verstehen können.

Dennoch, nach ca. 5 Minuten sank bei ca. einem Drittel der Zuhörer die Konzentrationsfähigkeit rapide ab. Herr Prigge ignorierte dies und sprach mit leiser, monotoner Stimme weiter. Nach 15 bis 20 Minuten überschritten die Hörer die erste Grenze der Höflichkeit. Sie rutschten auf ihren Stühlen, die ohne den Schutz der sonst üblichen Tischreihen frei im Raum standen, einen halben Meter tiefer und zeigten hemmungslos ihr Desinteresse. Es war kein demonstratives Desinteresse, das sich als Kritik an den Inhalten des Vortrags hätte deuten lassen, nein, es war einfach ein dumpfes Desinteresse, gepaart mit der Gleichgültigkeit über das, was im Moment passierte.
Nach einer halben Stunde Vortrag waren einige regelrecht weggeschlafen. Sie waren zwar nicht völlig eingeschlafen, aber in keiner Weise mehr aufnahmefähig. Die Reaktion von Herrn Prigge beschränkte sich darauf, etwas lauter zu sprechen. Er sprach aber immer noch, gemessen an den Hörgewohnheiten der Jugendlichen, leise. Mittlerweile kam auch ein gewisses Murmeln auf. Der etwas gestiegene Geräuschpegel ermutigte den einen und anderen zum Tuscheln.
Nach einer ¾ Stunde war der Vortrag beendet. Etwa ein Drittel war noch konzentriert. Mit diesem Drittel kam es zu einer ca. 20minütigen Diskussion. Danach war endlich Pause. In der Pause bemühte sich Herr Prigge um etwas feed-back. Das Desinteresse war ihm nicht entgangen, bereitete ihm aber keineswegs Kopfzerbrechen. Er gestattete, seinen Beitrag abzudrucken.

Walter Prigge

Fußball symmetrisch

Alltäglich weiß man, wo links und rechts ist. Symmetrien dieser Art sind allerdings abhängig vom Standpunkt; an ihm erst stellen sich symmetrische Richtungen her durch Perspektiven, die sich verschieben können: Wendemanöver ergeben asymmetrische Beziehungen und unterminieren jene positionelle Gewißheit von links und rechts. Anders als der politische Raum etwa kennt der Fußball jedoch keine asymmetrischen Verhältnisse, da die Kontrahenten mit gleichen Kräften antreten; deshalb kann hier mit Symmetrien gespielt werden: Die linke Mannschaft wird auch auf dem rechten Feld ihre Kräfte einsetzen müssen. Als Konzession an die Schwarz-Weiß-Seher spricht allenfalls der Reporter noch davon, daß eine Mannschaft von links nach rechts spielt. Mit zunehmendem Einsatz von Farbe wird er etwa sagen: Grün gegen rot. Das kennzeichnet die gegenwärtige Situation; die Grünen wollen es in dieser Saison endlich wissen und fordern die Roten heraus – Werder jagt die Bayern. (Herr Prigge hat vor vielen Jahren mal für Werder Bremen gestürmt, B.H.)

Ganz unmetaphorisch beherrschen Symmetrien materiell weite Bereiche unserer Kultur. Wir schreiben und lesen Bilder z.B. von links nach rechts, orientieren unsere Körper im architektonischen Raum und denken politisch in dieser Opposition. Im Fußball ist dieses geometrische Ordnungsprinzip in spielerischer Komplexität ausgebildet. Auch hier die Mitte, um die herum angeordnet wird; sie ist die ideale Achse, welche die Extreme links und rechts zentriert. Dreht sich derart alles um die Mitte, so geht es hier doch darum, diese Mittelmäßigkeit zu überwinden. Denn gegenüber anderen räumlich determinierten Spielen an Netzen z.B. gewinnt dieses Spiel seine Lebendigkeit nicht dadurch, daß Extreme sich an einer Linie austauschen. Die Spannung zweier Pole ergibt sich hier aus der Beweglichkeit der Konfrontationslinien und nicht durch die Zentrierung auf eine ruhende Mitte, in der sich die Extreme neutralisieren. Die Dynamik des Fußballspiels entspringt dieser Beweglichkeit aus der ursprünglichen Dezentrierung einer Mitte (mit der es beginnt), mit anderen Worten: den aktuellen Verschiebungen in der Symmetrie von Kräfteverhältnissen. Dieses Spiel von Kräften in der gegenseitigen Durchdringung ihrer Räume ist das Faszinierende am Fußball als Darstellung eines Interaktionsgeschehens, symbolisch für andere(s).

Die Existenz von Zuschauern en masse ist Phänomen dieser Faszination. Soziologisch ist hier von keiner homogenen Masse auszugehen, sondern von differenzierten Anrufungen, die in der Architektur des Stadions als Wahrnehmungsperspektiven typologisch verortet werden können. Die beste Sicht gewährt auch hier der Achsenblick; die Mittellinie; die Mittellinie ermöglicht dem Zuschauer idealen Überblick über das gesamte Geschehen: „weil er anders als die Spieler die Figuration beider Mannschaften immer schon als Ganzes überblickt, kann er in jedem Augenblick nicht nur die tatsächlich realisierten Spielzüge, sondern darüber hinaus auch die gleichzeitig nichtrealisierten Spielzüge, sondern darüber hinaus auch die gleichzeitig nichtrealisierten Entwicklungsalternativen einer konkreten Spielsituation spontan erfassen und beurteilen" (Paris, S. 156). Es ist die testende Haltung des konsumorientierten Mittelschichtlers, für den, an Sportschauen interessiert, Fußball als gesellschaftliche Veranstaltung attraktiv geworden ist. „Ihm geht es einzig darum, für sein gutes Geld gute Ware (sprich gutes Spiel) zu bekommen, und er ist es, der – geformt durch das Fernsehen – in erster Linie showorientiert ist" (Lindner, S. 65).

Preislich abgestimmt daneben sitzt der Stammkunde. Er ist nicht bloßer Zuschauer, vielmehr Teil des Stamm-Publikums, da an der gemeinschaftsbildenden Öffentlichkeit von Spiel, Mannschaft und Verein interessiert. Ob Mitglied oder nicht: sein Blick ist der des loyalen Liebhabers, der um des eigenen Spieles wegen auch gegnerische Spielzüge in bewußter Gegnerschaft bewerten kann.

In der Kurve dann wird es beweglich: hoch motiviert und leicht aufladbar stehend verdichten sich die Fans, durch Käfige kontrolliert, zu geschlossenen Blöcken. Der frontale Blick über die Tore in die Tiefe des Spielraumes, einseitig und somit distanzlos, schreibt sich direkt in die Konfrontation auf dem Spielfeld ein. Der Fanblock als Kultstätte von Gruppen mit abgegrenztem Territorium ist Nachfolger jener historischen, regional noch existierenden Anhängerschaft, die ihre Basis in der lokalen Infrastruktur von Vereinskneipen hatte, in die die jeweilige Stimmung des Spieles hineinschwappte. Durch das Auftreten des Bundesligafans wird dieser lokale Zusammenhang gesprengt und deterritorialisiert: In der Form von mobilen Einsatzkommandos machen diese „Schlachtenbummler" zwischen Stadion und Bahnhof das Fußballspiel zu einem städtischen Ereignis von interregionaler Bedeutung. „Trotz geographischer Ausweitung bleibt der Bezugsraum eng. Er wandert wie ein schützender oder stimulierender Käfig in Form der Gruppe der Gleichgesinnten mit. Die Örtlichkeit bleibt überschaubar: Der Autobus oder das Bahnhofsgebäude, das Zugabteil, der Stadionblock und eben die enge Schneise durch die Stadt zwischen Bahnhof, Kneipen und Stadion. Die Kenntnis dieser An- und Abmarschwege macht die ganze oft durch vieljährige bundesweite Mobilität gewachsene Ortskundigkeit aus". (Weis, S. 300)

Dominanter Bezugspunkt für alle Wahrnehmungsperspektiven bleibt jedoch die aktuelle Situation des räumlich und zeitlich eingegrenzten Spielers; der artifizielle Zeitraum des Fußballspielers ist ungleichzeitige Einheit von kommerzieller Show, Spiel und Kampferlebnis: „Der Spieler ist immer schon zugleich Spieler im Sinne des Spielgeschehens, Profi mit individuellen Karriereansprüchen und bejubelter Triumphator nach einem Tor; und ebenso ist der Zuschauer immer schon zugleich 'zahlender' Zuschauer, der etwas für sein Geld erwarten kann, spontaner Teilnehmer am Spielgeschehen, der gleichsam im Geiste mitspielt und Beteiligter an einem kollektiven Erlebniszusammenhang, in dem der Fußball gleichzeitig Anlaß und Hintergrund für das Ausagieren einer bestimmten Form von Geselligkeit ist.“ (Paris, S.168)

Einstimmen

Das Spiel beginnt musikalisch: mit einem Pfiff. Er ist sozusagen der Nullpunkt des Spieles, an dem jedoch manches schon entschieden ist. Die wichtigste Sequenz ist der Eintritt in den Spielraum. Das Betreten des Spielfeldes ist für den Spieler von entscheidender Bedeutung; von der ersten Berührung mit dem Rasen und der einfühlenden Anpassung von Füßen und Körpern hängen Standfestigkeit, psychologische Stärke und damit gelingende Ballkontakte ab. Diese Anpassung ist jedoch kulturell überdeterminiert durch die Anrufung des Spielers als Kampfsubjekt. In der Psychologie des Anfangs formieren sich die vielfältigen Praktiken, die den Eintritt in den Spielraum ritualisieren, zum Kern der Anrufung; das Einlaufen, das Vor- und Aufstellen, das Aushandeln der Seiten und die Sekunden vor dem Anstoß bauen Erregung auf und bilden diese in ein und derselben Bewegung in die Anrufung des Vereinsangestellten als Kampfsubjekt des Spieles um: Die Rituale der Einstimmung dienen dazu, den Kampfgeist zu wecken und ihn auf Freund und Feind zu polarisieren. Gesänge, Hymnen, Anfeuerungen und Zurufe sind als diskursives Material der Anrufung Teil dieser Polarisierung und verweisen auf die Interaktion von Spieler und Publikum. Gelingt die Identifikation der Spieler als Kampfsubjekte, so konstituiert sich in der linearen Dauer der homogenen Spielzeiten ein ZeitRaum der Leidenschaften, in dem die fortwährenden Anrufungen von seiten der Zuschauer den Rhythmus des Spielverlaufs, die abwechselnden Zeiten von Langeweile, Spannung und entspannenden Höhepunkten skandieren: Aus dieser Dynamik entwikkelt sich, wenn es gut kommt, die Dramatik von Sieg und Niederlage. Im Fußball hat sie ihre Basis in der Ökonomie des Raumes.

Topographie

Das Spielfeld ist vollständig geometrisiert. Es besteht aus zwei Feldern, die an der Mittellinie als Symmetrieachse gespiegelt sind. Innerhalb dieser Felder zeichnen Linien ungleiche, sich überlagernde Flächen mit spezifischer Bedeutung: Auf die Torlinien polarisiert markieren sie Schutz- und Tabuzonen wie Tor- und Strafraum; daneben existieren Halbkreise, die bei besonderen Gelegenheiten nicht betreten werden dürfen. Diese symmetrische Polarisierung der ungleichen Flächen produziert die hierarchisch abgestufte Bedeutung der Orte, an denen sich das Geschehen abspielt, sowie der Linien und Punkte, die die vielfältigen Unterbrechungen des Spieles regulieren; ob Einwurf oder Eckball, Freistoß oder Elfmeter, Anstoß oder Abstoß: jeder Ort des erneuten Anstoßes des Balles ist nach Nähe und Ferne zum Tor gewichtet.
Aus dieser Topographie von Punkten, Linien und Flächen konstituiert sich der Raum des Spieles. Er ist zweifach determiniert: durch die Tore als Bezugslinien polarisiert, weist er Richtungen auf, gewinnt jedoch durch die geometrische Disziplinierung der symmetrischen Gleichheit eine Homogenität zweiten Grades. Die symmetrische Anordnung schreibt Propositionen in der Ungleichheit der polarisierten Flächen fest: Symmetrie ist geometrisches Mittel, diesen Anspruch auf Gleichheit darzustellen. In dieser Darstellung ist das Spielerische am Kampf um den Ball aufbewahrt.
Jedes Spiel ist ein aus der Wirklichkeit ausgegrenzter ZeitRaum, der vom 'Ernst des Lebens' abstrahiert ist; Geometrie ist geeignete Form, solche Abstraktion, d.i. das Artifizielle eines aus dem Wirklichen ausgegrenzten Geschehens auszudrücken. Zum anderen stellt Fußball eine eigene Wirklichkeit dar: Er ist wirkliche Auseinandersetzung von Kräften, deren Verhältnis gemessen werden soll. Als Kampf darf sie jedoch nicht Krieg im modernen Sinne werden, es geht hier nicht im Ernst um die Vernichtung des Gegners: Fußball ist Kampf-Spiel und insofern Darstellung dieses Kampfes. In dieser doppelten Determinierung schreibt er sich in den Raum ein.
Die symmetrische Disziplinierung ist, vergleichbar der Hegung des historischen Kriegsgeschehens, Korrektiv des auf Vernichtung zielenden Kampfes – durch die artifizielle Symmetrie des Raumes wird er Spiel im Sinne der Darstellung eines 'aus-der-Welt-Seins'. In der asymmetrischen Wirklichkeit existiert keine Gleichheit, Beziehungen von Macht und Unterordnung beherrschen hier das Spiel von Kräfteverhältnissen. Demgegenüber ist Überlegenheit in Kampfspielen Resultat der Auseinandersetzung von vergleichbaren Kräften, die in differentiellen Strategien die Ökonomie des symmetrischen Spielraumes nutzen.

Zusammenstimmen

Die gegensätzlichen Kampfstrategien von Angriff und Verteidigung sind auf den gerichteten Raum bezogen, den Taktiken der Verteilung der Individuen im Raum entsprechen Techniken seiner Nutzung. Gemäß der Richtungen variiert die Aufstellung der Mannschaften in den gegensätzlichen Feldern; Abwehr, Mittelfeld und Sturm beschreiben differenzierte Nutzungen: Räume verteidigen, überwinden und erobern. Diese Staffelung im Raum kennzeichnet die differenzierte Polarisierung von Konfrontationslinien; die Spannung zwischen den Polen ergibt sich hier nicht durch einfachen Schlagabtausch von Kräften in der frontalen Eroberung/Verteidigung des Raumes, sondern aus der gegenseitigen Durchdringung, die fortwährend – der Bewegung des Balles folgend – Konfrontationslinien verschiebt. Dieser Durchdringung des Raumes dienen die vielfältigen Manöver: über die Flügel spielen, in den freien Raum vorstoßen, flanken, Zweikämpfe, Pässe, Rückgaben usf. ...

Aber erst wenn solche Manöver ineinandergreifend sich zu Spielzügen verketten und Fronten durchbrechen (Sturmangriff, Konter), verschieben oder aufbauen (Belagerung), ergeben sich neue Spannungen in der Ökonomie des Raumes. Das ist der Augenblick der Emotion, des *thrills*: „das ist das Ereignis, das nicht erwartete Manöver, das ist die Verwandlung von Geometrie in Energie" (Bohrer, S. 89) – die Zeit der Leidenschaften, in der durch die Verschiebung von Kräfteverhältnissen eine strategische Option sichtbar wird und realisierbar erscheint.

Das Gelingen hängt ab vom körperlichen Einsatz, der Einschätzung von Kräften kooperierender Mannschaftsteile und dem situativ gewählten Manöver bei der Konzeption von Spielzügen. Der kontrollierte Einsatz der Körper ist dem Kampf um den Ball untergeordnet und dient dazu, sich in die „Bewegung und Dingeigenschaften des Balls" einzufühlen (Paris). In der Wahl des situativ richtigen Manövers zeigt sich die konzeptive Kompetenz eines Spielers, das Zusammenstimmen von Ding und kooperierenden Körpern als Resultat von Kräfteverhältnissen in Raum und Zeit zu denken: Netzer kam aus der Tiefe des Raumes. Weit entfernt davon, in dieser Produktion von Zusammenhang bloß Arbeit zu sein, bedeutet Fußball als virtuoses Kräftespiel von Ding und Körpern in Raum und Zeit: Vergnügen.

Literatur

Bohrer, K.H., Wembley, in: Harig/Kühn (Hg), Netzer kam aus der Tiefe des Raumes. München 1974

Lindner (Hg), Der Satz „Der Ball ist rund" hat eine gewisse philosophische Tiefe. Berlin 1983. Darin Paris
Weis, K., Fußballrowdytum. In Vaskovics (Hg.), Raumbezogenheit sozialer Probleme. Opladen 1982

Entlang der Symmetrieachse: Der Achsenblick des Mittelschichtlers

In dem Beitrag von Walter Prigge ist von Ritualen, Leidenschaften, Anrufungen, Kultstätten und Kampfsubjekten die Rede. Als hochmotiviert, leicht aufladbar und als distanzlos beschreibt er die Fans, die aus dem Block frontal in die Tiefe des Spielfeldes schauen. Zu ihnen, den Fans, spricht er nun: distanziert, monoton und ohne jede Leidenschaft. Er spricht als Wissenschaftler, der aus dem Blickwinkel der Symmetrie, den Raum, in dem Fußball stattfindet, betrachtet. Herr Prigge, so viel wird jedem Seminarteilnehmer klar, steht über den Dingen. Er hat den Blick des Mittelschichtlers, der entlang der Symmetrieachse sitzt und das Geschehen beobachtet, ja noch schlimmer: Er analysiert es. Nicht nur das Geschehen, auch die Fans, also *uns*. *Wir* sind also diejenigen, die „in stimulierten Käfigen" durch die Gegend fahren und „eine bestimmte Art von Geselligkeit ausagieren". Dieser Mensch kennt *unsere* Leidenschaften, *unseren* „thrill", der sich dann einstellt, wenn „Geometrie in Energie" verwandelt wird. Aha.
Was um alles in der Welt kann einen leidenschaftlichen Fußballfan dazu bringen, über „das Geschehen" so nachzudenken, daß er sich selbst und sein Tun zum Gegenstand von Reflexion macht? Warum soll er darüber nachsinnen, warum er zu allen Spielen geht (was als Fan einfach eine Selbstverständlichkeit ist) und warum er immer an der gleichen Stelle im G-Block steht? Warum soll er darüber nachdenken, weshalb er immer für die eigene Mannschaft Partei ergreift, auch wenn der Schiedsrichter den Ball zu Recht ausgepfiffen hat? Warum soll er sich plötzlich etwas denken, wenn er beispielsweise singt: „Ihr seid Bremer, asoziale Bremer, ihr schlaft unter Brükken und in der Bahnhofsmission", oder wenn er schreit: „Mach ihn alle, die Sau!"? Er, der Fan, hat doch den frontalen Blick: Wie kann er da, wo es um Sieg oder Niederlage geht, plötzlich für Gerechtigkeit sein?
Versteht man diese Fragen ausdrücklich nicht als rhetorische, könnte die Antwort darauf lauten: weil Fußball, wie „Mensch ärgere Dich nicht", auch nur ein Spiel ist. Und könnte nicht auch – trotz aller Leidenschaft – neben dem frontalen Blick (der streng parteilich ist) auch „der neutrale Achsen-

blick“ möglich sein? Warum sind wir stattdessen so schnell bereit zu akzeptieren, daß der Fußball die Zuschauer dazu verleitet, den Achsenblick zu denunzieren? Warum akzeptieren wir, daß sich derjenige unbeliebt macht, der eine gegen die eigene Mannschaft gerichtete Entscheidung des Schiedsrichters bestätigt oder gar einen Spielzug des Gegners positiv kommentiert? Der Achsenblick ist der Blick des Vernünftigen, es ist der Blick desjenigen, der nie seine Distanz zum Geschehen gänzlich aufgibt. Der Distanzierte akzeptiert keine Gewalt und verabscheut unsportliche Rufe. Er freut sich über das Tor seiner Mannschaft, aber er rastet deswegen nicht aus und hat keine Ambitionen, das Spielfeld zu stürmen, um dem Torschützen zu huldigen. Der Vernünftige ist vernünftig. Dafür zahlt er einen Preis, der lautet: Verlust an Leidenschaft und Begeisterungsfähigkeit. Und letztendlich ist genau das auch der Preis, den Pädagogen und Intellektuelle den Fußballfans abverlangen wollen. Die Fans ahnen das, denn wenn ihnen der Blick in die Logik des Fußballs, in seine soziologischen und psychologischen Tiefen und in seine Wesenslogik geöffnet werden soll, dann werden auch ihr Verhalten und ihre Leidenschaften zum Gegenstand der Reflexion. Dazu ist nicht jeder Fan bereit.

Ein Stadion zu besuchen, ist für die Fans ein Vergnügen; das Stadion historisch, soziologisch und psychologisch in alle Einzelteile zu zerlegen, kann, vor allem wenn es in der Form eines „Uni-Vortrags“ geschieht, eine Provokation sein. Provokationen bilden aber auch die Voraussetzung für Reflexion und Neubetrachtung, und deshalb sollte man nicht auf sie verzichten.

Rituale, Trophäen, Pokale und andere geheiligte Zeichen im Fußball
Das Fußballspiel als Gemeinschaftsritual

Das Fußballspiel als religiöse Zeremonie oder: Wie abergläubisch sind Fußballanhänger?

Es gibt wohl kaum eine Sportart, die unter Rückgriff auf alte Bräuche und religiöse Feste eine derartige Vielfalt von Ritualen und Beschwörungen hervorgebracht hat wie das Fußballspiel.
Vergegenwärtigen wir uns beispielsweise jenes Schauspiel, das vor allem die Fans aus dem Fanblock inszenieren, wenn die „eigene" Mannschaft das Spielfeld betritt. Begleitet von einem ohrenbetäubenden Gebrüll werden Tausende von Papierschnipseln und Papierstreifen in die Luft geworfen. Dieser Papiersturm war einst eine südamerikanische Spezialität. Mittlerweile hat er sich aber auch in den europäischen Stadien ausgebreitet. Bei diesem Ritual liegt die Verwandtschaft zum Konfettiwerfen bei Hochzeiten, religiösen Festen und Karnevalsumzügen auf der Hand. Seinen Ursprung hat dieses Zeremoniell im Samenkörnerwerfen bei Hochzeiten. Gedeutet wird es als Fruchtbarkeitsritus, der dem Hochzeitspaar reiche Ernte und Kindersegen bringen soll.
Die Begrüßung der eigenen Mannschaft mit einem Papiersturm ließe sich durchaus als Wunsch nach reichlichem Torsegen deuten, auch wenn die Fans keinen direkten Zusammenhang zwischen ihrem Begrüßungsritual und dem Wunsch nach Toren für die eigene Mannschaft sehen.
Ein weiterer uralter Brauch besteht darin, Feuerwerkskörper zu entzünden, um böse Geister fernzuhalten und zu vertreiben. Dieser Brauch, der beispielsweise in italienischen Stadien noch erlaubt ist, wird in deutschen Sportstätten mittlerweile als Unsitte angesehen und ist wegen der naheliegenden Verletzungsgefahr verboten. Trotzdem werden noch immer Feuerwerkskörper im Stadion gezündet.
Auch wenn viele Handlungen der Fußballanhänger ihren Ursprung in den Ritualen gewöhnlich als abergläubisch bezeichneter Kulturen haben, sind die Fußballfans nicht wirklich abergläubisch. Zwar haben viele Vereine ihr Maskottchen, und manche Anhänger beschwören zuweilen recht seltsame

Dinge, man kann aber letztendlich nicht davon ausgehen, daß die Fußballanhänger von ihrem Tun magische Wirkungen erwarten. Wenn es aber nicht der Aberglaube ist, der die Fußballgemeinde zu seltsamen Handlungen treibt, muß es etwas anderes geben, das die Fans im Innersten motiviert, Dinge zu tun, die Verhaltensforschern Rätsel aufgeben.

Wie wird aus vielen einzelnen Fußballfans eine Fangemeinde bzw. wie verschmilzt der einzelne mit der Masse?

Wenn bei einer Veranstaltung ein Künstler eine gute Leistung geboten hat, erhält er von den Zuschauern Applaus. In der Regel besteht dieser aus einer gewissen Anzahl klatschender Hände, die in unregelmäßigen Abständen ein uns vertrautes Geräusch erzeugen, sozusagen einen gewöhnlichen Applaus. Damit geben sich Fußballfans aber keineswegs zufrieden. Wer sich einmal in die Nähe eines Fanblocks begeben hat, wird festgestellt haben, daß die Fans nicht einfach klatschen, sondern über stakkatohafte Rhythmen verfügen und sie, selbst in großen Gruppen, absolut synchron ausführen. Oft geschieht dieses Klatschen mit erhobenen Händen hoch über dem Kopf.

Der Psychologe Peter Marsch war darüber so erstaunt, daß er die klatschenden Hände der Fans in einer eigenen Studie untersuchte. Seine Verwunderung drückte er so aus: „Stakkatoapplaus erfordert einen Präzisionsgrad, der wahrscheinlich höher ist als der von gut gedrillten Militärkapelle... Der Abweichungsgrad beträgt höchstens ein paar Zentimeter. Wie diese bemerkenswerte Präzision innerhalb einer Gruppe erreicht wird, in der die meisten Leute einen unordentlichen Haufen sehen, bleibt ein Geheimnis.“[8]

Das Synchronklatschen ist nur eine von vielen Gesten, die Fußballfans vollziehen, um sich und anderen zu demonstrieren, daß sie eine Einheit, ein Kollektiv bzw. eine Gruppe bilden. Handzeichen, Gesänge, Rufe, Schals und Fahnen sind weitere Ausdrucksmittel, durch die die kollektive Identität Gestalt annimmt.

Psychologie und Soziologie haben diese menschlichen Verhaltensmuster bereits gründlich untersucht, die Forscher sind jedoch zu unterschiedlichen Ergebnissen gekommen. Ganz im Gegensatz zu aktuellen Betrachtungen, nach denen eine menschliche Person durch maximale Abweichung von einer, wie auch immer gearteten, gesellschaftlichen Norm zu einer (einzigartigen) Persönlichkeit wird, formuliert z.B. George H. Mead, daß den Menschen dasjenige zur Person macht, was er mit den anderen Menschen ge-

meinsam hat. Individuation ist somit für Mead keineswegs das wesentliche Merkmal einer Person. Mead sieht mit der Herausbildung des „verallgemeinerten Anderen“ den Erwerb und die Übernahme eines allgemeinen Gruppenwillens, der mittelbar auf jeden einzelnen zurückwirkt. Je stärker sich ein einzelner mit dem Verhaltenskodex einer Gruppe identifiziert, desto stärker verankert er sich in dem Verhaltensmuster einer Gruppe.[9]
Der französische Philosoph und Soziologe Emile Durkheim (1858-1917) griff bei seinen Untersuchungen zum Spannungsverhältnis von Individuen und Gruppen zurück auf das Verhalten von sogenannten primitiven Gesellschaften und stellte fest, daß der einzelne Mensch dann mit allen anderen in eine Kommunion eintritt, wenn er in kultischen Handlungen und rituellen Vorschriften mit der Gruppe verschmilzt. Auch wenn in modernen Gesellschaften scheinbar die Religion und das Heilige an Macht eingebüßt haben, gibt er zu bedenken, daß in jeder Gesellschaft das Bedürfnis existiert, Kollektivgefühle und Kollektivideen in gewissen Abständen zum Leben zu erwecken und auszuleben. Sigmund Freud, der das „verallgemeinerte Andere“ unter dem Begriff des „Über-Ichs“ analysiert hat, wies darauf hin, daß die Verschmelzung von „Ich“ und „Über-Ich“ bei vielen Menschen ein besonderes Hochgefühl aufkommen läßt.
Wie sich dieser Vorgang im einzelnen vollzieht, hat Durkheim am Beispiel des Wappens eindrucksvoll beschrieben. Man braucht beim Lesen des folgenden Zitats nur den Begriff „Gesellschaft“ durch „die Fans in der Kurve“ zu ersetzen, und schon läßt sich nachvollziehen, wie sich die Fans mittels ihrer Rituale in einen seelischen Urzustand versetzen:

„Daß ein Wappen für jede beliebige Gruppe ein nützliches Erkennungszeichen ist, braucht nicht bewiesen zu werden. Drückt man die soziale Einheit in einer materiellen Form aus, so wird sie für alle fühlbar, und darum allein schon hat sich der Gebrauch von Wappensymbolen sicher rasch verbreitet, als einmal die Idee dazu geboren war. Außerdem mußte diese Idee spontan aus den Bedingungen des gemeinsamen Lebens entspringen. Denn das Wappen ist nicht nur ein bequemes Mittel, um das Gefühl zu verdeutlichen, das die Gesellschaft von sich hat; es dient auch dazu, dieses Gefühl hervorzurufen: es ist dessen konstitutives Element. Denn jedes individuelle Bewußtsein ist in sich verschlossen; es kann mit dem Bewußtsein der anderen nur mit Hilfe von Zeichen kommunizieren, in denen sich ihre Innenzustände ausdrükken. Damit dieser Verkehr auch zu einer Kommunion wird, d.h. zu einer Verschmelzung der Einzelgefühle zu einem Gemeingefühl, müssen die Zeichen, die sie ausdrükken, selbst wieder in einem einzigen und alleinigen Zeichen verschmelzen. Beim Erscheinen dieser Verschmelzung fühlen die Individuen, daß sie im Einklang stehen und eine moralische Einheit bilden. Stoßen sie denselben Schrei aus, sprechen sie dasselbe Wort und machen sie dieselben Gesten in bezug auf denselben Gegenstand, dann sind sie und fühlen sie sich im Einklang.“[10]

Bei einer Busfahrt nach Dortmund zu dem Spiel, welches „die Eintracht" 3:0 verlor, konnte ich folgendes beobachten: In dem doppelstöckigen Bus saßen in der unteren Abteilung einige wenige, die offensichtlich kaum Kontakt hatten zu jenen, die sich im oberen Stockwerk des Busses vergnügten. Ein Jugendlicher z.B., der sich in die Haare das Kürzel der Eintracht geschnitten hatte, ein besonderer Beweis der Vereinstreue, tauchte im oberen Stock nie auf. Richtig wahr nahm ich ihn erst, als wir im Stadion zusammensaßen bzw. -standen. Ich schaute nun häufiger zu ihm hinüber und mußte immer wieder feststellen, daß nie jemand mit ihm sprach. Die ganze erste Halbzeit über blieb er stumm und schaute, einsam in der Masse, auf das Spielfeld. Als dann in der Mitte der zweiten Halbzeit die Sprechchöre einsetzten und sich ins Frenetische steigerten, sah ich ihn plötzlich mit den anderen Fans schreien und rufen. Er war urplötzlich ein Teil der Masse geworden, die sich nun anschickte, ihre Mannschaft zum ersten Tor zu schreien. Nun mußte aber die Eintracht einen Treffer hinnehmen. Zunächst wirkte dies wie ein Schock, alle waren wie gelähmt, bis einer noch heftiger zu schreien und zu rufen anfing. Die gerade noch so geschockten Einzelschicksale wurden wieder zur Masse, die nun alles gab, um doch noch den Sieg herbeizuschreien. Dann fielen die Tore zwei und drei. Alle Energie verlosch. Das Spiel war verloren. Einige hatten Tränen in den Augen, und zwei junge Mädchen weinten, als könnten sie in ihrem Leben niemals wieder glücklich werden. Die Gesichter der Fans waren von Enttäuschung, Trauer und Ohnmacht gezeichnet. Der noch eben in die Masse eingetauchte Fan stand wieder einsam in ihr. Ich wußte nicht, was in ihm vorging, aber er wirkte unendlich verloren. Er war, wie alle anderen, seit 9 Stunden unterwegs und vor uns lagen noch 5 Stunden Heimfahrt. Ich war aus Neugier mit nach Dortmund gefahren und wäre gerne, wie das Team vom Fernsehen, das uns während der Hinfahrt begleitet hatte, mit dem Auto nach Hause gefahren. Er dagegen hatte sich die Tour freiwillig angetan: etwa für diesen einen Moment des kollektiven Hochgefühls?

Fan-Leidenschaft und die Belohnung: Der Verlust des Bewußtseins seiner Selbst

„Mein Körper bewegt sich instinktiv. Er bewegt sich ohne jedes Denken. Ich vergesse mich selber. Ich denke an gar nichts. Wirklich. An gar nichts außer daran, wie ich fahre.
Während eines Rennens vergesse ich alles. Ich hab das Gefühl, mit meinem ganzen Herzen, mit meinem Geist und meiner Kraft dabei zu sein."[11]

Wenn Menschen mit Herausforderungen konfrontiert sind, die all ihr Können und all ihre Fähigkeiten beanspruchen und absorbieren, kann es geschehen, daß sie in solchen Momenten das Bewußtsein ihrer Selbst verlieren. Ihr „Ego", das normalerweise als Vermittlungsinstanz zwischen dem Selbst und der Umwelt auftritt, verschwindet vorübergehend in einem flow-Zustand[12]. Mit dem vorübergehenden Ego-Verlust erschließt sich eine Gefühlswelt der Selbst-Transzendenz, in der die Zeit stehen zu bleiben scheint, in der Beziehungen zwischen Personen die Form gesellschaftlicher Grenzzustände annehmen, wie sie sich bei Ritualen und Initiationszeremonien einstellen. Ein ehemaliger Führer einer japanischen Motorradbande beschreibt das so:

„Wir beginnen ein Rennen, indem wir die Zweiräder am Schluß der Bande aufstellen. Huun Guaam! (lautmalerische Ausdrücke für Auspufflärm). *Siebzig bis hundert Fahrzeuge starten ihre Motoren gleichzeitig. Wir können nichts mehr hören außer dem Motorenlärm. Niemand, nicht einmal die Polizei, kann uns stoppen ... Sobald die Maschinen gestartet sind, wird die ungeordnete Menge zu einem Dinosaurier. Es ist wirklich überwältigend. Wir rasen mitten in der Straße dahin. Wen kümmern denn Polizeiautos!? Wenn ich meine Bande von meiner Spitzenposition aus sehe, ist es wie eine Welle von Scheinwerfern, die die Stadt frißt."*[13]

Zwar spielt in diesem Zitat auch der Faktor Macht („eine Welle, die die Stadt frißt") eine Rolle, aber im Zentrum steht der kollektive Rausch. Erzeugt wird dieser durch den Lärm, den zig Maschinen verursachen, und dadurch, daß eine ungeordnete Menge zu einem kolossalen Wesen („Dinosaurier") wird. Mit der Entstehung dieses Wesens konstituieren sich gleichsam unmittelbare Beziehungen unter den Fahrern, die ein Gefühl größter Euphorie auslösen. Eine Befragte beschrieb ihr euphorisches Gefühl folgendermaßen:

„Es hat irgendwie damit zu tun, daß wir uns alle „im Gleichklang fühlen"... Am Beginn des Rennens sind wir noch nicht in vollkommener Harmonie. Aber wenn das Rennen sich gut entwickelt, dann fühlen wir alle füreinander. Wie

kann ich das ausdrücken? Wenn wir z.B. das Schwanzwedeln am Schluß der Bande machen ... Wenn unsere Gedanken eins werden. In einem solchen Moment ist das eine wahre Lust ... Wenn wir alle eins werden ... Plötzlich erkenne ich dann: „Oh! Wir sind eins" und ich denke: Wenn wir so schnell fahren, wie wir nur können, wird es ein richtiges RENNEN" ... Wenn wir merken, daß wir zu einem Stück Fleisch werden, ist das wirklich großartig. Wenn wir „high" werden in der Geschwindigkeit. In einem solchen Moment ist es wirklich super."[14]

Das „Schwanzwedeln am Schluß der Bande" ist eine Handlung, die nur in einer Gruppe möglich ist, sie unterstreicht im besonderen Maße das Gruppengefühl. Ein analoges Phänomen im Fußball stellt die Welle dar. Synchronisierte Bewegungen und Handlungen, ob im Tanz, bei der Massengymnastik oder auch als Synchronklatschen der Fußballfans, erzeugen bei den Menschen, die sich an solchen Kollektivhandlungen beteiligen, offenbar ein Gefühl der Selbst-Überschreitung.
Bei dem zuvor erwähnten Auswärtsspiel der Eintracht in Dortmund beobachtete ich eine Gruppe Frankfurter Fans, die beim Spielstand von 1:0 in der Mitte der zweiten Halbzeit auf den Ausgleich hoffte. Aus einem für mich nicht nachvollziehbarem Grund erwuchs innerhalb weniger Minuten aus der Hoffnung eine Stimmung, aus der heraus einige Fans anfingen, wie besessen die Frankfurter anzufeuern. Später traf ich einen dieser Fans, der frenetisch „seine" Leute angefeuert hatte, wieder, wir unterhielten uns, und ich stellte ihm einige Fragen:

I.: Du hast frenetisch die Leute angefeuert, und die Leute haben selbstvergessen, ja wie weggetreten, „Eintracht! Eintracht!" gerufen. Als Außenstehender denkst du: Was passiert hier eigentlich?

Fußballfan: *Ja, mit Sicherheit. Das sind so Sachen, wo du in einem hohen Maß die Kontrolle über dich verlierst oder wo du dich zumindest einfach gehen läßt. Also da kommt immer ein Punkt, das ist ein äußerer Anlaß, sei es ein Foul, sei es ein Gegentreffer, sei es ein eigenes Tor oder irgendwas, was weiß ich, oder die nehmen einen Eintrachtfan fest: Das erregt dich, und dann überschreitest du einfach eine Schwelle, wo du bereit bist, an die Schmerzgrenze zu gehen, bis dir die Stimme versagt, bis du einfach auch Schmerzen hast dabei. Du empfindest in dem Augenblick keinen Schmerz, dir kann einer ins Kreuz treten, du kannst die Brüstung runterfallen, und du stehst auf und würdest weiter schreien.*

I.: Also es ist 'ne besondere Situation.

Fußballfan: *Es ist mit Sicherheit eine besondere Situation. Ich denke, wenn man mal fotografisch festhalten könnte, welche Gesichtsausdrücke die Leute in dem Augenblick haben, das ist mit Sicherheit nicht so normal, die sind dann schon zum Teil auch weggetreten, das stimmt schon.*

I.: Sucht man das, passiert es einfach, oder wie ist das?

Fußballfan: Also das ist vielleicht so ein Moment der Vereinigung mit den Spielern, so ... ich weiß es nicht. Die Leute, jedenfalls die, die vor dem Spiel nicht übermäßig unter Alkoholeinfluß stehen, beginnen ja das Spiel mit einer gewissen Einstellung. Die meisten sagen zwar wir gewinnen, aber die meisten haben schon für sich selber 'ne persönliche Vorstellung davon, wie das Ding jetzt abläuft. Deswegen sind bestimmte Spielausgänge für die Leute gar nicht enttäuschend oder zumindest nicht sehr. Man hat ja das Gefühl, bei bestimmten Niederlagen bricht für manche eine Welt zusammen, und bei anderen Spielen sagen die gleichen Leute, was soll's. Das spricht ja schon dafür, daß da schon ein Bild vom Ablauf des Spiels vorhanden ist, und ich glaube, das Ganze ist auch eine Massenhysterie, die durch äußere Einflüsse beeinflußt wird. Also ein Großteil der Leute kommt dahin und ist dazu bereit, sag ich mal, auszuflippen.

I.: Das ist ja immer das gleiche, man kommt ins Stadion, man ...

Fußballfan: *Nein, nein, es gibt ja den Zeitpunkt, den Auslöser als solchen, das kann z.B. ein Tor sein. Ein Tor ist ja ein ganz anderer Auslöser, als wenn der Grabowski kaputtgetreten wird vom Matthäus. Kein Eintrachtfan, der über 30 ist, kann den Matthäus leiden, weil der damals die Karriere vom Grabowski beendet hat. Es gibt jedenfalls ganz unterschiedliche Auslöser und auch unterschiedliche Reaktionen. Ich denke, Leute kommen zum Spiel und sind bereit, ab einem gewissen Punkt einen Ausflipper zu kriegen. Es ist ja zum Beispiel so, daß wenn du zu spät kommst und der Mob ist schon am toben, und du kriegst den Anschluß nicht, dann passiert nichts, das gibt es auch. Andere Leute rennen auch da rein und fangen an mitzuschreien, aber bei denen ist es was ganz anderes, das ist auch optisch ein Unterschied.*

I.: Das Gefühl kommt nicht oder wie?

Fußballfan: *Ja, das Gefühl kommt nicht.*

I.: Also man tritt in eine Phase über, wo man sich nicht selbst sieht, es fließt so dahin.

Fußballfan: *Ja, ja. Und das kann kommen, und es kann auch sein, daß es nicht kommt. Es gibt Spiele, da passiert es einfach nicht, oder es passiert.*

Ich glaube, daß es auch abhängig ist von der Sensibilität der Leute. Es gibt so Epizentren im Block, es ist ja nicht so, daß es plötzlich überall anfängt, sondern es geht von einer bestimmten Stelle aus, und da ist es häufiger als an anderen Orten. Ich denke, daß einfach da die Sensibilität oder die Anfälligkeit oder die Bereitschaft der Leute größer ist. Ich weiß nicht, inwieweit der Alkohol dabei eine Rolle spielt. Er spielt mit Sicherheit eine Rolle, aber es gibt ja auch Leute, die sich bewußt ruhige Ecken suchen. Sie sagen zwar, „ich gehör dazu, aber mich gehen lassen will ich nicht", weil sie das wohl auch als etwas sehr Abstoßendes empfinden.

I.: Was man dabei fühlt, kann man schlecht sagen, oder?

Fußballfan: *Das kannst du nicht ausdrücken. Also das kommt auch darauf an, was es ist, das hängt ja von der Dramaturgie ab. Also sagen wir mal, du liegst 2:0 hinten, du machst das 2:1, und plötzlich geht die Euphorie los, von einer Sekunde auf die andere, erst total niedergeschlagen und dann geht es richtig los, plötzlich merkst du, die drücken noch mal, und jetzt geht's total ab, und dann fällt das 2:2. Oder z.B. die Hamburger jetzt am Sonntag gegen die Bayern: Hätten die von Anfang an 2:0 geführt und fünf Minuten vor Schluß wäre das 2:1 gefallen, hätte kein Hahn danach geschrien, ja aber so, 1:0 hinten liegen und kurz vor Schluß noch zwei Tore machen, da kriegst du ja einen totalen Ausraster. Ja, das hängt schon von der ganzen Dramaturgie ab, des Spiels oder auch des Drumherums. Alles mögliche kann den Verlauf beeinflussen: Da schmeißt einer einen Kracher, da werden alle plötzlich irgendwie rausgerissen, sind irritiert, greifen sich den oder sind am mosern, und es ist auch eine Zeitlang ziemlich konfus. Eine andere Dramaturgie kann auch ein Europapokalspiel sein: Du läufst schon mit dem Anpfiff einem Rückstand hinterher, das ist eine Phase von der ersten bis zur letzten Minute, wo du einem konkreten Ziel hinterherrennst. Es hat auch teilweise ganz lustige Komponenten, wenn das 5:0 gefallen ist, dann wird das Ganze oft von einer sehr komischen Darstellung getragen, dann fangen sie an, eine Polonaise zu machen oder irgendwelche vollkommen widersinnigen und irrwitzigen, grotesken Dinge zu singen. Das machen die bei einem 1:0 nie, das passiert nur bei einem 5:0, 6:0, wenn es nicht darauf ankommt, ob die anderen noch ein Tor machen oder nicht, der Sieg ist unser, dann kriegt das so eine komische Variante. Oder: Das für mich emotional am weitesten in die Tiefe gehende Ereignis war, als wir 1988 im DFB-Halbfinale in Bremen 1:0 gewonnen haben, als total krasser Außenseiter. Also die Eintracht hat damals Mittwochabend in Bremen gespielt, Bremen war Tabellenführer, Eintracht war drittletzter und wir haben so Tippspiele ge-*

macht. Wir sind alle nach Bremen gefahren, weil wir sind diejenigen, die immer auswärts fahren, das war für uns der Grund. Keiner hat auch nur im entferntesten daran gedacht, daß wir da gewinnen könnten. Einige haben gesagt „Vielleicht schaffen wir 120 Minuten Unentschieden und kriegen ein Rückspiel", das waren die mutigsten Aussagen, und man merkt ja auch, ob der andere das so glaubt, was er sagt. Also der meist genannte Tip war 4:1 für Bremen, und das konntest du auch sagen, ohne daß du dafür angemacht wurdest, das war einfach auch realistisch. Und dann gewinnen wir da 1:0! Das was sich da abgespielt hat nach dem Schlußpfiff, das war so unglaublich, also vom Gefühl her, das kann ich überhaupt nicht beschreiben. Ich habe mal in einem Interview gesagt, das ist ein Gefühl, das kann dir keine Frau besorgen. Da haben natürlich ein paar Frauen deswegen mit mir ziemlich Streß angefangen. Aber das ist schon vergeichbar irgendwo, du spielst da, bist irgendwie, wartest nur bis die Zeit rumgeht, daß du den Koffer kriegst und wieder heimfahren kannst, weil das war unter der Woche, die Leute, die da waren, waren 200 Eintrachtfans, die haben sich den halben oder ganzen Tag Urlaub nehmen müssen für diese Fahrt. Du fährst da die ganze Nacht zurück, hast Glück, wenn du am nächsten Morgen überhaupt noch vom Hauptbahnhof nach Hause kommst, und dann auf die Arbeit, irgendwie, also das sind unheimliche Strapazen, die Leute haben alle gesagt, ihr seid bekloppt dahin zu fahren. Du fährst dahin, und plötzlich kommt eine vollkommen unerwartete Wendung, daß erst der Frank Schulz das 1:0 macht und dann der Uli Stein hält! Das war der Wahnsinn, daß die Bremer einen einzigen Sturmlauf machen und kein Tor schießen, und dann kommt irgendwann, 20 Minuten vor Schluß, der Punkt, wo du auf die Idee kommst, das könnte ja zumindest doch noch zum Unentschieden reichen, dann flippten wir alle aus. Und da haben wirklich Leute, die waren damals schon 35 und älter, die haben dagestanden, waren vollkommen fassungslos, also Männer haben da angefangen zu heulen, haben hemmungslos geheult, die waren vollkommen fassungslos; es waren Leute darunter, die konnten das Wasser nicht halten, die haben sich in die Hose gepinkelt, das war unvorstellbar. Die Leute sind auf den Zaun geklettert, haben sich schwer verletzt, waren total blutig, das haben die überhaupt nicht registriert, das war der totale Hammer. Weil es dann draußen schwerste Krawalle gab, haben die uns dann eine ¾ Stunde im Block drin behalten. Wir haben eine ¾ Stunde lang wie die Bekloppten, wie die wirklich Weggetretenen, einen abgefeiert, ja, das war also diese körperliche Leistung, die wir dabei vollbracht haben, die könntest du heute nicht so einfach erbringen, du würdest nach ein paar Minuten zusammenbrechen vor lauter Gehüpfe und Geschreie, Gewedele,

Umarmen und Tanzen und weiß der Kuckuck was. Uns fiel dann auch in den 45 Minuten immer was Neues ein, was man machen konnte, um unsere Freude zum Ausdruck zu bringen. Das ist so ein totales emotionales Highlight.

Zweifelsohne handelt es sich bei den Schilderungen des Fußballfans um eine Beschreibung des *flow*-Phänomens. Obwohl er an einer Stelle meint, seine Gefühle nicht ausdrücken bzw. in Worte fassen zu können, handelt es sich dennoch um eine gelungene Charakterisierung dessen, was er zum Schluß als „ein totales emotionales Highlight" bezeichnet. Eine genaue Bestimmung dessen, was sich letztendlich hinter dem *flow*-Phänomen verbirgt, ist außerordentlich schwierig, wenn nicht sogar unmöglich. Unsere Sprache verfügt nicht über die Ausdrucksmittel für jene rauschhaften Wahrnehmungen, die sich in diesem seltenen Grenzbereich ereignen. Hinzu kommt, daß viele Menschen mit diesem Bereich wenig vertraut sind und sich auf diesem Terrain relativ unsicher fühlen. Von daher besteht, korrespondierend mit der Schwierigkeit, diese Phänomene adäquat beschreiben zu können, eine Tendenz, *flow*-Erlebnisse oder *flow*-ähnliche Erlebnisse zu ignorieren. Dennoch scheint sich die Existenz von *flow*-Erlebnissen – unter dem Mantel der Sprachlosigkeit – weiter auszubreiten.
Ereignisse intensiven Erlebens werden, wie der Kulturkritiker C. Lasch bemerkt, aufgrund des kommerzialisierten Freizeitbereichs zu trivialen Zerstreuungen und plumper Sensationssuche herabgestuft. Indem spielerische Erlebnismöglichkeiten durchrationalisiert würden, verlören sie ihre heiligen rituellen Eigenschaften.[15] Der aktuelle Trend, vor allem in den neueren Sportarten, scheint dem aber zu widersprechen. Trotz des Rationalisierungsverdikts und der kühlen Wenn-Dann-Logik der modernen Wissenschaft, die inzwischen fast alle Bereiche des menschlichen Lebens dominiert, bilden sich immer wieder Trends, in denen die Suche nach Grenzerfahrungen und *flow*-Erlebnissen in neuer Form zutage tritt.

Die Fußballgemeinschaft – Liebe ohne Gegenliebe?

Jedes Jahr finden 34 mal 9 Fußballspiele der 1. Bundesliga statt. Das macht rund 300 Spiele pro Jahr. Bei knapp 20.000 Zuschauern pro Spiel sind das etwa 600.000 Zuschauer im Jahr. In einem Zeitraum von 17 Jahren kommen auf jeden deutschen Bürger im Durchschnitt 1 bis 2 Spiele. Da Sie – liebe Leserin, lieber Leser –, was den Fußball betrifft, höchstwahrscheinlich kein deutscher Durchschnittsbürger sind, haben Sie natürlich weit mehr Spiele gesehen.

Wie viele Spiele haben Sie also in den letzten 17 Jahren gesehen? Zehn, Zwanzig, na, das wäre aber schwach. Sie müßten sich dann die Frage gefallen lassen, ob Sie überhaupt das Recht haben, auch nur ein einziges Wort zum Thema Fußball zu sagen. Gut, Sie haben also so um die 50 Spiele gesehen, und Sie werden die Auffassung haben, daß Sie zu denen gehören, die beim Thema Fußball mitreden können. Aber: Ein echter Fan hätte für Ihre Anzahl gesehener Spiele bestenfalls ein müdes Lächeln übrig. Zwischen einem normalen Stadionbesucher und einem „echten Fan" liegen Welten, Welten, deren Dimensionen „*für einen normalen Menschen*", so die Aussage eines Fußballfans, „*nicht vorstellbar sind.*" „*Leute, die von Fußball keine Ahnung haben, sagen, die sind alle bescheuert, aber wenn ich jemand sag', daß ich in 17 Jahren annähernd 1.300 Fußballspiele besucht habe, das ist einfach unvorstellbar.*" Genau dieses Unvorstellbare zu schaffen, ist etwas, was den echten und wahren Fußballfan ausmacht, was ihm letztendlich die Zugehörigkeit zum erlauchten Kreis derjenigen Fans verschafft, die überall dabei sind.
Der Zugang zu jenem Kreis steht jedem offen. Es spielt keine Rolle, ob jemand reich oder arm, groß oder klein, stark oder schwach, Ausländer oder Deutscher ist, alle haben die Chance dazuzugehören. Um aber den Status eines „echten Fans" zu erlangen, hat der Neuankömmling einen langen, harten und steinigen Weg vor sich. Es nützt ihm so gut wie gar nichts, wenn er bei den Heimspielen dabei ist („vom Nordend bis zum Waldstadion kann jeder fahren"), denn die sind, wenn es „um die Anerkennung als Fan geht, außen vor". Man muß bei den Auswärtsspielen dabei sein, weil, „da sind die Echten". Bei den Auswärtsspielen lernt der potentielle Fußballfan die wichtigen Leute kennen, dort reift über die Jahre der echte Fanstatus und wenn jemand Bestandteil der immer wieder erzählten Geschichten wird, so umgibt ihn schließlich eine Aura der Bewunderung, und irgendwann gehört er dann zum Kreis der echten Fans. Bis es so weit ist, hat man unendliche Strapazen hinter sich gebracht. Dazu gehören lange und unbequeme Busfahrten, die Kosten für Eintritt, Übernachtungen, Alkohol, Fanartikel und vieles mehr. Das fanatische „hinter der Mannschaft Herreisen" verschlägt den Fan durch ganz Europa. Ob es nun die Ukraine ist, Neapel, Istanbul, Portugal oder Italien, der Fan ist dort, wo die Mannschaft spielt, koste es, was es wolle. Je größer die Strapaze und je größer der Einsatz, desto höher ist seine Belohnung in Form von Ruhm, Anerkennung und Ansehen innerhalb derer, die zu den echten Fans gezählt werden. Um auf der Ruhmesleiter ganz nach oben zu kommen, muß man „*dem Fansein*" so nebensächliche Dinge wie Familie, Ausbildung und Beruf unterordnen[16].

Zu der sozialen Anerkennung gesellt sich eine hohe Erlebnisqualität, die mit den Abenteuerreisen konventioneller Reiseveranstalter kaum vergleichbar ist. Man hat es geschafft, illegal in die Länder des Ostblocks einzureisen, hat sich mit dem Eintrachtschal vor dem Leninmausoleum fotografieren lassen, hat Spieler und Fans anderer Länder kennengelernt, kann von exzessiven Besäufnissen berichten, von Schlägereien, Krawallen, von der Überwindung von Absperrungen und Zäunen oder gar von der Erstürmung fremder Plätze und Fußballstadien. *„Das sind so Sachen"*, meinte ein Fan, *„die ich geschönt meinen Enkelkindern erzählen werde, und die dann wie Märchen klingen werden."*

Eine wirklich rührende Geschichte erzählt Fußballfan Anjo Scheel in dem Buch von Christoph Bierbaum „Wenn du am Spieltag beerdigt wirst, kann ich leider nicht kommen": *„Es gab mal eine Partie in Hamburg am letzten Spieltag, wo Jan Svensson das letzte Mal für die Eintracht gespielt hat. Im letzten Bundesligaspiel seiner Karriere bekommt er zwanzig Minuten vor Schluß die Rote Karte und ist am Boden zerstört. Bei dem Spiel waren vielleicht noch 50 Eintracht-Fans, die sind nach dem Spiel zum Spielerausgang hin. Und dann kam Svensson raus, der wollte mit seinem Auto von Hamburg aus direkt nach Schweden. Und wir haben ihn geherzt und gedrückt und uns von ihm verabschiedet. Da hat er angefangen zu heulen. Das ist ein Moment, der mich ungeheuer bewegt hat. Der konnte es überhaupt nicht fassen, daß wir auf ihn gewartet haben und ihn verabschiedet haben. Der hat hemmungslos losgeheult, er war richtig aufgelöst. Dann haben wir ihn noch zu seinem Auto gebracht, das ganz normal auf dem Besucherparkplatz stand. Das Stadion war schon völlig leer, und wir haben ihn da mit unserem Trupp eskortiert."*[17] Diese Art von intensiver Begegnung mit einem Spieler stellt im Leben eines Fußballfans eine Ausnahmesituation dar. In der Regel kümmern sich die Spieler „einen Scheißdreck um die Fans" (O-Ton eines Fußballfans). *In dem genannten Buch beschreibt Anjo Scheel die Emotionen der Fans dergestalt, daß die Fans letztendlich für ihre Opfer und für ihre Liebe, die sie dem Verein und den Spielern entgegenbringen, „zurückgeliebt" werden wollen. Sein Beitrag endet mit dem Satz: „Ich habe das Gefühl, die Fans haben ein Anrecht darauf, zurückgeliebt zu werden für das was sie tun."*[18]

Die bürgerliche Gesellschaft kennt zwar den Ehevertrag, trotzdem hat gerade die Liebe nichts mit Anrechten und dergleichen zu tun. Und natürlich kann auch ein Fußballfan aus seiner Liebe zur Mannschaft kein Anrecht ableiten, für seine von niemandem geforderten Opfer Anerkennung und Gegenliebe erwarten zu können, auch wenn das für ihn bitter sein mag: *„Also ich find's irgendwie, also ich find's, ich find's so furchtbar, wenn man sich* *überlegt, mit was die Fans zufrieden sind. Die feiern die Mannschaft ab, dafür daß sie (die Spieler) mal winken – also wenn man das mal ins Verhältnis setzt. Was sehr Schlimmes für die Fans ist, daß nicht anerkannt wird, was sie eigentlich aufgeben, weil die Spieler wohl überfordert sind, das zu begreifen, was die Fans so alles auf sich nehmen, vor allem wofür sie es auf sich nehmen. Die Spieler sagen, das ist doch idiotisch, so viel Urlaub zu nehmen und irgendwohin in die Pampa zu fliegen wegen 90 Minuten."*

Der Fußballfan wird somit immer wieder zurück auf seine Gruppe verwiesen. Auf sie kann er sich im Kontext des Fußballs genauso sicher verlassen wie auf die Ankündigung seines Vereins, daß ein für 15.30 Uhr angesetztes Fußballspiel auch tatsächlich um 15.30 Uhr angepfiffen wird. Seine Gruppe wird für ihn da sein, wenn er in einer fremden Stadt in Nöte gerät, sei es mit der Polizei oder mit den gegnerischen Fans. Niemals wird man ihn einfach zurücklassen, was auch passiert. Wenn er im Zusammenhang mit dem Fußball irgendwo hineingeraten ist, wird die Gruppe alles daran setzen, ihn dort wieder rauszuholen. Das wird alles wie selbstverständlich ablaufen, niemand wird dazu einen Auftrag geben oder benötigen. Da sich Fußballfans mit ihrer Rolle selten oder nie auseinandersetzen, ist alles so wie es ist, und es bleibt auch so wie es ist. Die Konstituierung der Gruppe als ein soziales Gefüge mit all ihren Strukturen, Ritualen und Regeln ist nur im Kontext des Fußballspiels gegeben. Fußballfans, die versuchen *„mit unterschiedlichen Methoden diese Familienzeit zu verlängern"*, müssen die bittere Erfahrung machen, daß dies nicht gewollt bzw. nicht möglich ist

Der Fußballstamm ist eine von der Außenwelt abgeschlossene In-Group, eine unaufgeklärte Fangemeinde, die ein von der modernen Zivilisation abgeschottetes Dasein führt und sich in einen zum Teil unheilvollen Atavismus flüchtet. Ein reflektiertes und erarbeitetes Bewußtsein über die Identität als Fan existiert nicht. Die wortgetreu wiedergegebene Einschätzung eines Fußballfans, *„Ich bin ganz sicher, daß die meisten an einer hilflosen Frau in der Stadt vorbeigehen würden, aber die würden ihr Leben einsetzen, um im Fußballstadion jemandem zu helfen"*, spricht Bände.

Wappen und Embleme, Trophäen und Pokale

Wie jede traditionale Stammeskultur besitzen auch Fußballclubs Zeichen und Embleme. Sie haben die Funktion eines Totems, das in manchen traditionalen Gesellschaften als mit übernatürlichen Kräften ausgestattetet galt. Wie einen magischen Talisman führen die Fans ihre Vereinssymbole bei

wichtigen Spielen stets mit sich. Das Emblem ist sozusagen das unverwechselbare Erkennungszeichen, mit dem die Anhänger ihre Zugehörigkeit und Loyalität zu ihrem Club zum Ausdruck bringen. Das Identitätsmerkmal kann auf den unterschiedlichsten Gegenständen erscheinen, besonders beliebt sind: Fahnen, Wimpel, Souvenirs, T-Shirts, Schals, Programme, Briefmarken, Feuerzeuge und einiges mehr. Auf der Spielkleidung der Spieler ist das Emblem in der Regel auf der linken Brusthälfte, direkt über dem Herzen, zu finden.
In der Geschichte des Fußballs haben die Embleme verschiedene Phasen durchlaufen. In den Anfangszeiten übernahmen viele Clubs das Wappen ihrer Ortsgemeinde. Da es aber in den Städten bald mehrere Vereine gab, wurde nach neuen Zeichen gesucht, da jeder Fußballclub ein allein ihm gehörendes, einzigartiges Symbol besitzen wollte. Außerdem erschienen vielen die alten Wappen als zu kompliziert und zu filigran. Die neuen Embleme waren einprägsamer und mittels ihrer Symbolik auch wirkungsvoller und durchschlagender. Häufig zieren wilde Tiere, die sich durch besondere Angriffslust auszeichnen, die Vereinswappen. Das Hornvieh, der Hengst und der Kampfhahn waren diesbezüglich hochgeschätzte Totemtiere. Als Symbol für Leichtigkeit und Wendigkeit genoß das Federvieh eine gewisse Beliebtheit, zumal manche Vogelarten auch unter dem Aspekt der Farbgebung einiges zu bieten haben. Als Leitbilder dienten aber auch diverse Kriegsgeräte vergangener Zeiten wie z.B. Kanonen, Schwerter, Äxte sowie Burgen und Türme.
Weltweit lassen sich Unterschiede in den Symbolbildungen beobachten. In Nordamerika, wo der Fußball ohnehin kaum eine Rolle spielt, sind die Embleme der Clubs nicht von totemistischen Symbolen geprägt. Stattdessen bemüht man hier Naturgewalten wie Erdbeben, Kometen und diverse Stürme.
Neben den Wappen und Emblemen, die den Kampfesgeist und die Vereinsemotionen schüren sollen, gehören zum Fußballsport auch die Trophäen und Pokale. Sie stehen für Sieg. Das Heimführen von Siegeszeichen ist seit Urzeiten die wichtigste Tat der Männer eines Stammes, die eine erfolgreiche Jagd oder den Sieg über die Feinde signalisiert. Auf den Zusammenhang zwischen Fußballspiel und ritueller Jagd – der Jäger wird zum Fußballer, die Waffe zum Ball und die Beute zum Tor – werde ich später noch eingehen. Am Beispiel des Pokals, der nach einem Turnier oder einer Fußballsaison vergeben wird, deutet sich dieser Zusammenhang schon an.
Jeder hat, zumindest per Television, einmal miterlebt, wenn eine Mannschaft siegreich zu ihren Anhängern zurückkehrt. Meist zieht sie in einer Wagenkolonne durch die Straßen und zeigt sich dann der triumphierenden

Menge auf einem Balkon. Spätestens dort wird die Trophäe bzw. der Pokal für alle sichtbar hochgehalten. Wie ein geheiligter Gegenstand wird er unter den Spielern herumgereicht und geküßt. Einige geraten angesichts der Ehre, den Pokal in Händen halten oder berühren zu dürfen, in eine fast anbetungsartige Verzückung.
Die Parallelen zum Jagdleben liegen auf der Hand: Die Hörner einer erlegten Jagdbeute sind als Trophäe ebenso geläufig wie diverse andere Zeichen, die Krieger als Andenken an gewonnene Schlachten als Siegessymbole nach Hause tragen, an die Wand hängen oder in Vitrinen zur Schau stellen. Die typische Fußballtrophäe ist aber kein Hörnerpaar, sondern ein großer Silberpokal in der Form eines überdimensionalen Trinkgefäßes. Desmond Morris erklärt dies unter Rückgriff auf Untersuchungen von Ernest Crawley folgendermaßen: Um jemanden zu ehren, reichte man, sowohl bei den Griechen als auch bei den Römern, ein Getränk. Man trank zuerst selbst, um zu beweisen, daß das Getränk nicht vergiftet war, und überließ dann den Becher dem Gegenüber als Symbol der Anerkennung. Das Trinkgefäß bzw. der Pokal wurde dadurch zu einem Symbol des Geehrtwerdens.
Die Größe des Fußballpokals geht zurück auf einen Brauch, der im Geburtsland des modernen Fußballs, England, eine bedeutende Rolle spielte. Dort war es jahrhundertelang üblich, bei festlichen Banketten einen riesigen Silberpokal herumzureichen. Dieser wurde von Mann zu Mann feierlich weitergereicht, damit jeder einen Schluck nehmen konnte. In dem „gewaltigen Liebespokal“ sieht Desmond Morris die Prototypen der heutigen Fußballpokale.[19]
Der erste Worldcup hatte den Stil eines Kelchglases in der Figur einer geflügelten Liebesgöttin. In ihren erhobenen Händen hält sie ein Gefäß, das den Liebesbecher symbolisiert. Nachdem Brasilien den Cup dreimal gewonnen hatte und somit behalten konnte, mußte ein neuer Cup entworfen werden. Dieser war kein „Cup“ mehr, sondern ein massiver Globus. Trotzdem heißt dieser Pokal noch immer World Cup.

Kollektive Gesten

Gerade unter Jugendlichen gibt es eine Reihe von Handzeichen, mittels derer sie ihrem Gegenüber Signale des Zorns, des Hohns und des Spotts, bis hin zu handfesten Beleidigungen, übermitteln. Die hochgereckte Faust und der hochgestreckte Mittelfinger sind nur zwei Beispiele aus dem variantenreichen Repertoire ausdrucksstarker Gesten. Darüberhinaus gibt es noch eine besondere, auf Außenstehende sehr grotesk wirkende Art von Gesten. Eine eindrucksvolle Beschreibung hierzu gibt Bill Buford in seinem Buch „Geil auf Gewalt". Bill Buford war Mitte der 80er Jahre mit einer Gruppe englischer Fußballfans von Manchester United nach Turin gereist. Nachdem das Flugzeug gelandet war, wurden die Fans mit Bussen zur Piazza San Carlo gefahren. Bei seiner Ankunft sah Bill Buford zunächst eine Gruppe englischer Fans, die sangen, brüllten, tranken und von Zeit zu Zeit in den Brunnen auf dem Platz pinkelten. Bill Buford, noch etwas ratlos und verunsichert über das Benehmen der Leute, beobachtete dann folgendes: *„Sobald ein Schlachtenbummler ankam, streifte er umher, meist mit einem Freund, brüllte ab und zu etwas, stieß mit irgendwelchen Gegenständen zusammen oder sang ein Lied mit. Dann entdeckte er irgendwo einen Kumpel, und es kam zu einer Begrüßung. Sie bestand in einem Austausch lauter, unverständlicher Geräusche. Etwas später entdeckten sie noch einen Kumpel* (neue Geräusche), *dann noch einen* (wieder neue Geräusche), *bis sie endlich zahlreich genug waren – fünf, sechs, manchmal zehn –, um einen Kreis zu bilden. Dann, als sei ein Trinkspruch ausgebracht worden, tranken sie alle aus einer sehr großen Flasche mit sehr billigem Rotwein. Dies geschah mit unerhörtem Tempo und die Flüssigkeit lief ihnen übers Gesicht, den Hals hinunter und auf die Brust, die schon ganz klebrig und von Schweißperlen bedeckt in der Sonne glänzte. Dann wurde ein Lied gesungen. Von Zeit zu Zeit, während eines besonders wichtigen Refrains, ging jedes Mitglied des Kreises ein wenig in die Hocke und stemmte die Fäuste in die Hüften, als ob es in dieser sprungbereiten Haltung dem Refrain erst die erforderliche Emphase verleihen könne. Es sah ungefähr so aus, als würden sie in aller Öffentlichkeit einen Haufen hinsetzen. Und dann wurde wieder aus sehr großen Flaschen mit dem billigen Inhalt getrunken. Der Kreis löste sich auf, und derselbe Zyklus wiederholte sich. Und noch mal und noch mal. Überall auf dem Platz standen Grüppchen dicker, verschwitzter Männer, die sich anbrüllten."*[20]

Bill Buford, der sich angesichts der seltsamen Darbietung seiner Landsleute nicht so richtig entscheiden kann, ob er entsetzt oder fasziniert sein soll, stellt sich schließlich die Frage, für wen „diese Leute" diese Darbietung (Kriegstanz aus dem Norden einfallender Barbaren) aufführen: für die Italiener, die in sicherem Abstand diesem Schauspiel fassungslos zuschauen oder einfach nur für sich selber. Bill Buford entscheidet sich für das letztere.

Das, was „diese Leute" aufführen, ist nichts anderes als „kollektiv die Sau rauslassen". Um es genauer und solider zu beschreiben: Es handelt sich um Haltlosigkeit, um eine durch Alkohol erzeugte Abkehr von Selbstbeherrschung, um Rauschhaftigkeit, Sinnen- und Freudentaumel.

Norbert Elias und Edward P. Thompson haben in ihren Schriften die immensen Anstrengungen im einzelnen beschrieben, die notwendig waren, um den Menschen allgemein und später insbesondere den Arbeitern in den ersten Fabriken jene Kontrollapparatur für die produktive Zeitnutzung und Sozialdisziplin in Kopf und Körper zu transportieren. Zeitkontrollen, Vorschriften, Aufrufe und Traktate, Strafen und Anreize waren u.a. die reglementierenden Methoden, um die menschlichen Maßlosigkeiten und den Müßiggang in den Griff zu bekommen. Um in einer modernen Industriegesellschaft die komplexen Arbeitsvorgänge optimal zu bewältigen, bedarf es eines in hohem Maße selbstkontrollierten Menschen. Trotz aller Bemühungen, diese Kontrollapparatur zu stabilisieren, scheint das Eis sehr dünn zu sein. In jüngster Zeit zeigt sich, insbesondere unter Jugendlichen, daß die Bemühungen der Tugendplaner nicht ausgereicht haben, die Prinzipien einer methodischen und disziplinierten Lebensplanung ausreichend zu verankern.
Triebhaftes Ausleben, das in unserer Gesellschaft allenfalls kleinen Kindern gestattet ist, steht gemeinhin unter Tabu. Je nach Land und Region wird dieses Tabu jedoch zu bestimmten Gelegenheiten, an Festtagen, Karneval oder sonstigen Feierlichkeiten, für Erwachsene rituell gelockert. Allerdings ist auch an diesen Tagen „das Ausleben“ nicht grenzenlos. Man sieht zwar wie durchschnittliche, gutsituierte Bürger, sei es nun der Staatsbeamte oder der Bankangestellte, als verkleidete Jecken durch die Straßen ziehen und dabei Dinge tun, die sie mit Sicherheit im normalen Alltag unterlassen, aber dieses Ausgelassensein unterliegt immer noch gesellschaftlichen Spielregeln und Normen, die nicht verletzt werden dürfen. In öffentliche Brunnen pinkeln, leere Bierflaschen durch die Gegend werfen und bis zum Vornüberkippen trinken, sind Handlungen, die jenseits der akzeptierten Spielregeln liegen. Zwar ist es nicht per Gesetz verboten, sich bis zur Besinnungslosigkeit zu betrinken, aber es wäre der sozialen Stellung eines durchschnittlichen Bürgers abträglich, wenn er sich derart hemmungslos benehmen würde.
Zumindest ein Teil der Fußballfans hält sich ausdrücklich nicht an diese gesellschaftlichen Spielregeln. Er demonstriert, bewußt oder unbewußt, den Ausbruch aus den Kontrollmechanismen unserer auf Selbstdisziplin angelegten Gesellschaft. Zwar sind die Tabugrenzen seit den 60er Jahren liberalisiert worden, dennoch sind auch heute laut grölende Fußballlfans, die aus Bussen pinkeln oder den nackten Arsch durchs Fenster strecken, ein öffentliches Ärgernis.
Dennis Morris berichtet von einem Vorfall, bei dem sich folgendes zugetragen hatte: Nach einem Fußballspiel hatten fünf junge Burschen einer Fami-

lie, die friedlich in ihrer Limousine saß, einen „fünffachen Mond“ gezeigt. Der Vater, empört darüber, daß seinen Töchtern ein derartiger Anblick zugemutet wurde, hatte den Fans gedroht. An der nächsten roten Ampel stiegen die Fans und der Familienvater nach erneuten Drohungen aus, und es kam zu einer Prügelei. Dabei wurden der Vater und seine ihm zu Hilfe eilende Tochter am Kopf verletzt, so daß beide in ein Krankenhaus gebracht werden mußten.
Daß der Mensch in der Masse in bestimmten Situationen mitunter recht seltsame Dinge tut, ist hinlänglich bekannt. Wenn eine große Anzahl von Menschen sozusagen den Verstand verliert, sprechen wir sogar von einer Massenpsychose. Im Rahmen von Fußballspielen sind schon viele unschöne und schreckliche Dinge geschehen (Werfen von Wurf„geschossen“, Massenschlägereien, Paniken usw.), aber selbst das ganz normale Schauspiel an einem Samstagnachmittag geht über das hinaus, was wir in unserer Kultur gemeinhin als vertretbar ansehen. Ein zentraler Grund dafür liegt m.E. darin, daß Fußball ein Ereignis ist, das an Kollektiverlebnisse anknüpft, deren Wurzeln bis weit vor unseren Zivilisationsprozeß zurückreichen.

Fußballsouvenirs

Souvenirverkäufer finden wir in der ganzen Welt. An jedem Ort, der als touristische Attraktion angesehen wird, kann man allerlei Andenken und eine Vielzahl von Souvenirs kaufen. In der Regel sind Souvenirs ein wenig kitschig, billig in Serienproduktion hergestellt und wenig originell. Ein wirklich persönliches Andenken sind sie daher nicht. Damit das Souvenir den persönlichen Zauber der Einzigartigkeit erhält, nimmt der Wanderer im Grand Canyon einen besonderen Stein und der Wanderer in den Bergen ein einzigartiges Bergkristall mit nach Hause. Dieses zwar verständliche Bedürfnis kann zuweilen problematisch werden, wenn beispielsweise, wie tatsächlich geschehen, Touristen in großer Zahl Andenken aus den Gemäuern der Akropolis mitgehen lassen.
Auch Fußballfans haben ein Bedürfnis nach Souvenirs als Beweis des Dabeigewesenseins. Vor jedem Fußballstadion findet man deshalb Souvenirverkäufer, und in speziellen Clubläden berühmter Mannschaften wird für den Fan ein breitgefächertes Angebot bereitgehalten.
Für den Fußballfan sind Souvenirs allerdings nicht nur bloße Andenken, sondern Zeichen, mittels derer er seinen Freunden und Bekannten seine Verbundenheit mit dem Verein demonstriert. Mit den Souvenirs kann der Fan, je

nachdem, wie öffentlich er sie machen will, sein Zimmer, sein Büro, sein Auto oder seine Kleidung dekorieren. Wem das zu wenig ist, der kann sein Badezimmer mit Handtüchern in den Vereinsfarben ausstatten oder unter den Vereinsfarben schlafen. Wie auf allen anderen Gebieten läßt sich diese Disziplin bis zur Manie steigern, um seine Ergebenheit gegenüber dem Verein zu demonstrieren. Es soll Fans geben, deren Wohnung ein einziger Fußballschrein ist.

Das Outfit der Fußballfans

Je mehr man sich dem Fanblock in einem Stadion nähert, desto mehr erinnert die Szenerie an ein karnevalistisches Happening. Es wimmelt von bunten Schals, Fahnen, Papierfetzen und zum Teil recht ausgefallenen Kostümierungen. Die Vielfalt der Formen und Farben hat sich in der Geschichte des Fußballspiels erst relativ spät eingestellt. Vor dem Ersten Weltkrieg ging der Fußballzuschauer in der Regel mit seinem besten Anzug und mit Hut ins Stadion. In der Zeit nach dem Krieg tauchten die ersten Schals und Halstücher auf, wobei Anzug, Hut und Krawatte die typische Kleidung blieb. Erst nach den 50er Jahren wuchs die Zahl der unbedeckten Köpfe, und die Stilblüten des Fußballschmucks erblühten immer bunter in den Stadien.
Insbesondere bei den Jugendlichen entwickelten sich stets originellere Schmuckvarianten, mit denen sie ihre Loyalität zum Verein zur Schau stellten. Das Repertoire scheint unermeßlich: Es gibt die in den Vereinsfarben bemalten Gesichter, entsprechend gefärbte Haare, das tätowierte Clubemblem, besonders aufgemachte Zylinderhüte, reichverzierte Kutten, mit Aufklebern versehene Hosen und vieles, vieles mehr. Für die Sozialwissenschaften wäre der Erfindungsreichtum der Fußballfans im Hinblick auf ihre Zeichensprache eigentlich ein lohnendes Forschungsfeld. Desmond Morris bemerkt diesbezüglich, daß die tote Folklore und die Kostüme vergangener Zeiten bei Volkskundlern größte Aufmerksamkeit erregt haben, daß sie aber für die aktuellen Formen der Kostümierung keinen Blick haben, er wirft den heutigen Forschern vor, in einer Scheuklappenwelt zu leben.
Bemerkenswert ist die Tatsache, daß viele Jugendliche ihre Kostüme bzw. Kutten in mühsamer Kleinarbeit selbst fertigen. Wer einmal die Details einer Kutte aus nächster Nähe studiert hat, kann leicht erkennen, mit welcher Hingabe jugendliche Fans ihr Outfit gestaltet haben.
Neben der Loyalitätsbekundung zum Verein haben die Kostüme eine zusätzliche Wirkung. Das wöchentliche Großereignis Fußball erfährt durch sie

eine ähnliche Aufwertung wie die zeremonielle Versammlung in traditionalen Gesellschaften durch das Anlegen festlicher Gewänder.

Interview mit dem Fanartikelverkäufer R.K.

R. hat 1973 sein erstes Eintrachtspiel im Alter von 12 Jahren gesehen. Dieses Spiel habe die Eintracht in der Verlängerung mit 4:3 gegen Köln gewonnen. Anfang der 80er hat es dann bei R. „einen break“ gegeben. Er habe für eine internationale Konzertagentur gearbeitet und deshalb nicht mehr die Möglichkeit gehabt, bei jedem Spiel dabeizusein. Seit 1988 ist R. wieder regelmäßig ins Stadion gegangen. Da er zuletzt in einer Werbeagentur gearbeitet hatte, richtete er nun unwillkürlich einen Blick auf die angebotenen Fanartikel. Sein Urteil: Die meisten Artikel sind schlecht und werden zu ziemlich überhöhten Preisen angeboten. Er hat sich dann entschlossen, selbst einmal etwas auf den Markt zu werfen, mit gutem Erfolg. R. hat sich dann professionalisiert, und so wird es wohl demnächst sein Fan-Haus als festen Laden in der Stadt geben. R. macht hin und wieder auch mal was für die Galaxy, aber für ihn ist die Eintracht die Nr. 1 in Frankfurt, und für die Eintracht schlägt auch sein Herz.

In bezug auf die Fanartikel war R. schon immer recht anspruchsvoll. Bis er seinerzeit seine erste Fahne kaufte, hat er so lange gewartet, bis eine qualitativ hochwertige und gut gestaltete auf dem Markt erschien. Heute gestaltet R. mit seinen Qualitätsansprüchen die Artikel selber: „Vor zwei Stunden ist der erste Schal von mir aus London gekommen. Dann haben wir natürlich Fahnen, die ganz gut sind, die es in der Qualität wahrscheinlich sonst nirgendwo in Deutschland gibt und die deswegen auch etwas teurer sind. Ja, dann haben wir halt Sweatshirts, und was demnächst von uns auf den Markt kommt, das sind direkt bestickte Sachen, das gibt es in Deutschland noch überhaupt nicht. Es gibt jetzt Baseballcaps, die natürlich aus den USA kommen, und damit ist die Eintracht der erste Club, der Baseballcaps hat."
R.K. will und muß seine Artikel natürlich verkaufen wie jeder andere Verkäufer auch, d.h. daß er nicht immer genügend Zeit hat für die Fans. „Leider muß ich manchmal bei großen Spielen die Fans einfach abfertigen, aber wenn es irgendwie geht, will ich mich mit den Fans auch unterhalten. Was für mich wichtig ist, ist daß eine Fankultur entsteht, die nicht nur was mit Fanartikeln zu tun hat, aber auch."
Auf die Frage, ob jugendliche Fans auf andere Sachen abfahren als ältere, antwortete R.K.: „Ja, die Jugendlichen bevorzugen z.B. unseren Comicstile, den wir bei der Eintracht eingeführt haben, während die älteren Fans lieber den Traditionsadler von 1959 haben wollen. Aber es gibt auch den Crossover, d.h. daß ältere Fans oder ältere Leute den Comicstile kaufen und umgekehrt die jüngeren Leute den Traditionsadler, das ist verschieden."
In bezug auf die Frankfurter Fanszene stellt R. fest, daß die Bereitschaft zur Kostümierung im Vergleich zu Dortmund, Schalke oder Kaiserslautern längst nicht so ausgeprägt ist. R.: „Der durchschnittliche Frankfurter geht in erster Linie ins Stadion, um guten Fußball zu sehen und schreit erst dann mal, wenn es 3:0 steht. Die Zahl der Fans, die heute noch in der Kutte kommen geht ja auch rapide zurück, zumal heute eher der Windbreaker angesagt ist. Nur die heftigen und harten Fans, vornehmlich aus den ländlichen Bereichen, ziehen noch ihre Kutten an, die mittlerweile kaum noch angesagt sind. Ich finde es aber eigentlich gut, wenn die Leute sich ihre Sachen selber zusammennähen, auch wenn es geschäftsschädigend ist, aber es ist einfach interessant und wichtig, wenn die Leute ihre eigenen Ideen und ihre Sachen produzieren und für sich selber zurechtnähen."
Gefragt, ob der Schal unter den Fanartikeln eine besondere Bedeutung hat, führt R.K. folgendes aus: „Der Schal ist eine europäische Geschichte, die aus England kommt, wie jeder weiß. Wenn man also pro Saison 1000 T-Shirts, 1.000 Baseballcaps und 1.000 Fahnen verkauft, dann hat man locker das 2

bis 3-fache an Schals verkauft, denn der Schal ist in Europa einfach der Artikel, der am besten läuft und der in den USA gerade erst in den letzten ein, zwei Jahren entdeckt wird."

„Warum zieht der Fan eigentlich den Schal an, nur damit es etwas wärmer um den Hals wird?" R.K.: „Im Winter wird's wärmer um den Hals, aber es steckt natürlich wesentlich mehr dahinter. Wie man sieht, haben im Sommer immer noch viele Leute ihren gestrickten Schal dabei, auch wenn es viel zu warm ist. Mit dem Schal kann man halt unheimlich gut schwenken, und es sieht auch unheimlich gut aus, wenn ihn 1500 Fans im Eintrachtblock und im benachbarten Block hochhalten. Es hat was mit der Demonstration der Vereinsfarben und der Stärke zu tun. Also der Schal ist *das* Fanutensil seit jeher."

Interview mit einem Eintracht-Fan, der zu jedem Spiel aus Berlin anreist

I.: Ich habe gerade gehört, daß du aus Berlin kommst. Darf ich dich mal fragen, was dich antreibt, so eine weite Reise für ein Eintrachtspiel gegen Wattenscheid zu unternehmen?

Berliner: *Ja, ich komme ja eigentlich aus Wiesbaden. Im Januar 1992 bin ich nach Berlin gezogen. Ich war in den Jahren zuvor regelmäßig hier bei der Eintracht, hab meine ganzen Freunde hier, und das wollte ich einfach nicht missen.*

I.: Das heißt, du kommst alle 14 Tage nach Frankfurt zum Fußball?

Berliner: *In der Saison 91/92 war ich bei jedem Heimspiel hier, in der Saison 92/93 habe ich leider das HSV-Spiel verpaßt. Da habe ich einen Tag vorher in Berlin Geburtstag gehabt und ein bißchen zu viel gefeiert. Ansonsten bin ich samstags um halb fünf aufgestanden, um sechs Uhr am Bahnhof Zoo in den Zug eingestiegen und direkt hierhergekommen.*

I.: Welche Bedeutung hat für dich der Fußball? (Pause) Ich weiß, blöde Frage, versuch es trotzdem mal!

Berliner: *Also für mich hat der Fußball eine riesengroße Bedeutung, weil ich mir denke, daß es eine Sache ist, die alle Menschen verstehen und wo man sich eigentlich auch mit allen Menschen verstehen sollte. Fußball ist ein riesengroßes Spiel und macht unendlich viel Spaß. Es fällt mir einfach schwer, die ganze Sache zu erklären.*

I.: Besuchst du heute auch Freunde?

Berliner: *Ja sicher, ich bin hier mit einem Fanclub aus Wiesbaden, bei dem ich Gründungsmitglied bin, und, ja, die wollt ich halt nicht alleine lassen, die Jungs. Ab und zu muß ich mal vorbeigucken.*

I.: Ich habe eben gerade einen Fanartikelverkäufer interviewt, deshalb mal die folgende Frage an dich: Kannst du dir vorstellen, ohne deine Fanutensilien zu einem Spiel zu gehen?

Berliner: *Nein, das gehört dazu. Mein größter Traum ist es, eigentlich ist es der Traum von meiner Frau und von mir, daß wir irgendwann einmal unheimlich viel Geld haben, so viel Geld, daß ich mir für den Block 8 eine Karte kaufen kann, mit Parkplatz, und auf den Parkplatz mit einem Käfer oder was weiß ich, von mir aus auch mit einem Porsche, fahre, dann aber mit der vollen Montur zum G-Block gehe.*

I.: Wie? Noch mal: mit einer Block-8-Karte in den G-Block?

Berliner: *Ja, mit einer Block-8-Karte in den G-Block gehen, das ist mein Traum.*

I.: Also ein richtiger Fan muß hier im G-Block stehen?

Berliner: *Nein, das will ich so nicht sagen, es gibt sicherlich reichlich Fans, die auf der Gegentribüne sitzen. Ein guter Freund von mir sitzt auf der Gegentribüne.*

I.: Aber für dich ist das der richtige Ort hier?

Berliner: *Ja, hier kann ich mich austoben.*

I.: Kannst du dir vorstellen, daß du in zehn oder zwanzig Jahren auf der Haupttribüne sitzt?

Berliner: *Nein.*

I.: Was bedeutet das Halstuch für dich?

Berliner: *Das ist 1987 gekauft und seitdem nie gewaschen worden, das kann man vielleicht sehen. Ja, das ist vielleicht verrückt, ich hab das immer dabei. Man kann es gut in die Jackentasche stecken, denn ich hab einen Job, da kann man so nicht auftreten.*

I.: Und dein Schal, den du da unten trägst (es handelt sich um einen Duisburg-Schal)?

Berliner: *Das kommt daher, daß wir im Club ein bißchen unterschiedliche Ansichten haben von den Fanfreundschaften, insbesondere mit Duisburg. Unser Präsident sagt immer, entweder sind wir Eintrachtfans oder sonst gar nichts. Ich hab Duisburg immer gemocht, war zwar nie so ein großer Fan, aber da hab ich gesagt, jetzt erst recht.*

I.: Und jetzt ist es deine persönliche Marke.

Berliner: *Ja, so ungefähr. Ja eigentlich müßte es ja 18 Fanfreundschaften geben, 18 Vereine und 18 Freunde müßten es sein, und alle müßten zusammen einen trinken gehen.*

Interview mit einem Frankfurt-Fan aus der Schweiz

I.: Wann warst du zum ersten Mal bei einem Eintracht-Spiel?

Schweizer: *Es war 1987.*

I.: Und seitdem bist du Eintrachtfan?

Schweizer: *Seitdem bin ich Eintrachtfan, da gibt es nichts anderes.*

I.: Du kommst von weit her, von woher kommst du genau?

Schweizer: *Aus Aarau.*

I.: Wo liegt das?

Schweizer: *Das liegt zwischen Zürich und Bern.*

I.: Jetzt mal ohne Scheiß.

Schweizer: *Ja, ohne Scheiß, das ist so.*

I.: *Wie oft fährst du hierher?*

Schweizer: *So fünf, sechsmal im Jahr. Es kommt auch immer drauf an, ob wir in Aarau ein Spiel haben zur selben Zeit.*

I.: Was treibt dich her, das Spiel oder bestimmte Freunde?

Schweizer: *Also weniger das Spiel, heute sowieso nicht* (Frankfurt spielte gegen Wattenscheid). *Es sind mehr die Leute, die man hier immer wieder trifft, die Fußballfreunde.*

I.: Wie bist du an die Eintracht gekommen?

Schweizer: *Das war 1987, als die Eintracht bei uns ein Freundschaftsspiel hatte, da hab ich den Anjo kennengelernt und da hat sich das so entwickelt.*

I.: Was findest du an der Eintracht so gut?

Schweizer: *Daß sie die gleichen Vereinsfarben und fast das gleiche Clubwappen haben wie unser FC Aarau. Das sieht so aus* (zeigt das Clubwappen), *ist doch fast dasselbe oder? Aber sonst ist es auch die Kameradschaft hier, und die Leute sind hier anständig und nett, und es ist immer was los. Es gefällt mir schon hier.*

I.: Was sagst du dazu, daß Stepanovic weggeht?

Schweizer: *Das finde ich gut.*

I.: Ehrlich?

Schweizer: *Ja. Der Typ geht mir ehrlich gesagt auf die Nerven.*

I.: Was geht dir bei ihm auf die Nerven?

Schweizer: *Wie er die Spieler behandelt. Also ich habe das Gefühl, als Spieler bist du bei dem im Prinzip der größte Dreck, weil, wie soll ich sagen, da bringt er jemand von den Amateuren, und gestandene Fußballer, die sitzen auf der Ersatzbank und haben nichts mehr zu sagen. Ich finde es schade. Er übertreibt es mit den jungen Spielern. Er ist psychologisch gesehen nicht ideal für einen Bundesligatrainer.*

I.: Stehst du immer hier in diesem Block?

Schweizer: *Ja, aber ich bin hier, weil die Leute, die ich kenne, hier stehen. Wenn sie woanders wären, würde ich dort stehen. Ich stehe nicht im G-Block, weil hier die Stimmung ist.*

I.: Du hast gar keine Fanklamotten an.

Schweizer: *Ah, ich hatte heute morgen ziemlichen Streß und habe alles liegen gelassen. Aber meistens habe ich eh nur einen Schal dabei.*

I.: Dank dir.

Fußball als Religionsersatz?

Kurz nach dem Zweiten Weltkrieg stifteten die Spieler von Dynamo Moskau auf ihrer ersten Englandtournee bei der Mannschaft von Chelsea große Verwirrung. Was war geschehen? Nach dem Aufwärmen verschwand das russische Team ohne ein Wort der Erklärung in den Kabinen. Rechtzeitig zur Nationalhymne erschienen sie wieder, mit prächtigen Blumensträußen in der Hand. Nach der Hymne überreichten sie die Blumen ihren Gegenspielern und warteten gelassen auf den Anstoß. Die Spieler von Chelsea standen rat- und hilflos mit ihren Blumen auf dem Platz und wußten nicht, was sie mit den riesigen Sträußen anfangen sollten, während die Zuschauer vor Lachen brüllten. Die Verwirrung war keineswegs beabsichtigt. Sie war die Folge eines in England noch unbekannten Austauschrituals, demzufolge die geschenkten Blumen anschließend in die Zuschauermenge geworfen werden.

Das Großereignis Fußball ist eines jener gesellschaftlichen Veranstaltungen, die maßgeblich von Ritualen geprägt sind. Rituale haben dabei aber keinesfalls die Funktion, wie im vorangestellten Beispiel, für Erheiterung zu sorgen, sondern sie sollen dem Bedürfnis nach Zusammengehörigkeit Ausdruck verleihen. Riten sind Handlungen, die in Gruppen geboren werden, deren Mitglieder in einer besonderen Weise miteinander verbunden sind. Funktion der Riten ist es, das Gruppengefühl, bestimmte Geisteszustände und Gruppenmerkmale auszudrücken, aufrechtzuerhalten oder wiederherzustellen.

Ihren Ursprung haben die Riten in der Religion. Sie dienten dort den vorsprachlichen Religionsgemeinschaften als Vergewisserung ihrer Gemeinsamkeit und ihrer religiösen Überzeugungen, die in kultischen Handlungen zum Ausdruck gebracht wurden. Diese Handlungen bzw. die rituelle Praxis war für diese Urgemeinschaften von größter Bedeutung, denn es gab jedem am Ritus Beteiligten das tiefe Gefühl, aufs engste mit der Gruppe verbunden zu sein.

In seiner Analyse der elementaren Formen des religiösen Lebens schreibt Emile Durkheim, daß in jeder Gesellschaft das Bedürfnis vorhanden sei, Gemeinschafts- und Zusammengehörigkeitsgefühle zum Ausdruck zu bringen und wiederzubeleben.[21] Diese moralische Wiederbelebung geschieht meist im Rahmen von Versammlungen, Demonstrationen und verschiedenen anderen Massenveranstaltungen. Das gemeinschaftliche Hochgefühl, das diesen Veranstaltungen eigen ist, wird hergestellt durch ein Repertoire vorprogrammierter Gesten, mit Hilfe von Zeichen, Symbolen und den dazugehörigen Riten.

Der Schal, das Trikot, die Vereinsfarben und schließlich die Fahne sind die Symbole, mit denen die Fans beim Fußballspiel ihre Gefühle zum Ausdruck

bringen. Jeder einzelne kann sich durch diese Zeichen mit den anderen in Einklang bringen, indem er sich mit den Vereinsfarben schmückt, sich derselben Gesten und Worte bedient wie die anderen Fans und schließlich mit der Fangemeinde die gleichen Schreie und Gesänge ausstößt. Auf diese Weise verschmilzt er mit den anderen zu einer Gemeinschaft und wird Teil eines kollektiven Hochgefühl.
Der Fußball kann insofern mit Religion und religiösen Zeremonien verglichen werden. Man spricht vom „heiligen Rasen" und von Spielern, die wie „junge Götter" verehrt werden. Ein bemerkenswerter Unterschied zwischen Fußball und Gottesdienst besteht mehr und mehr darin, daß sich im Zuge des Glaubensverfalls in den westlichen Ländern die Kirchen geleert haben, während die Fußballstadien nach wie vor gefüllt sind. Ersetzt etwa der Besuch des Fußballstadions den Kirchgang?[22] Desmond Morris sieht in den großen Zusammenkünften der Städter beim Fußball einen Ersatz für religiöse Versammlungen, „wobei an die Stelle der Gottheit die Mannschaft getreten (ist)".[23] Morris sieht im Fußballspiel einen Höhepunkt im Leben vieler Fans, der ihnen die Möglichkeit bietet, mit Fahnen und Emblemen, ihre Begeisterung skandierend, ihre Zugehörigkeit zur Gemeinschaft und ihren Glauben an eine gemeinsame Sache zu demonstrieren. Die Tatsache, daß es beim Erfolg und bei einem Sieg der Mannschaft nicht um politische oder religiöse Ziele geht, nimmt dem Vorgang nichts von seiner soziologischen und psychologischen Bedeutung.

„Kommen schöne Frauen und knutschen dir die Wange?“

Nationalspieler Ralf Weber im Gespräch mit Fußballfans[24]

Seminarteilnehmer/Fußballfan (TN): Wie lange spielst Du Fußball?

Ralf Weber (RW): *Ich hab mit fünf im Verein angefangen.*

TN: In welchem Verein?

RW: *Das wird Dir kaum was sagen: in Haiburg auf dem Land.*

TN: Hast du von Anfang an als Abwehrspieler gespielt, oder warst du anfangs im Sturm?

RW: *Ich hab früher in der Jugend Linksaußen gespielt.*

TN: Was ist deine Meinung zu dem Rausschmiß von Effenberg aus der Nationalmannschaft?

RW: *Ich hab schon gehört, daß hier einige Gladbachfans sind.*

TN: Darum geht es nicht.

Zwischenrufe: Nur ein Gladbach-Fan! Nein, ich auch!

RW: *Vielen Aussagen nach zu urteilen, war der Stinkefinger nicht der Hauptgrund, warum Berti Vogts und der DFB so reagiert haben. Es müssen mehrere Dinge vorgefallen sein, von denen ich allerdings nichts weiß. Wäre der Stinkefinger der alleinige Grund für den Rausschmiß, fände ich es eigentlich lächerlich. In diesem Fall wäre eine Geldstrafe für Stefan Effenberg angebracht gewesen. Sportlich gesehen war er auf jeden Fall eine Verstärkung für die Nationalmannschaft, und ich denke, er würde jederzeit wieder zurückkehren, was nach dem heutigen Stand allerdings auszuschließen ist.*

TN: Und was sagst du zum Möllerfoul?

RW: *Welches Foul? (Lachen)*

TN: Die Schwalbe.

RW: *Ich finde es gut, daß so was geahndet wird und daß eine Sperre fällig wird, einschließlich der roten Karte. Daß es jetzt gerade den Andy getroffen hat, war sein Pech.*

TN: Mich würde interessieren, wie wird man als Spieler damit fertig, wenn man in ein Stadion reingeht, das ausverkauft ist. Wie sieht es mit dem Druck aus?

RW: *Wenn man in ein gegnerisches Stadion kommt und die Fans pfeifen, ist das normal. Schlimmer ist es, wie jetzt bei Torsten Legat, wenn man von den eigenen Fans ausgepfiffen wird, das ist schon schwierig.*

TN: Was denkt man dann als Spieler, schließlich könnte man ja als nächster der Betroffene sein. Macht man sich da Gedanken, warum der Fan so reagiert?

RW: *Der Fan bezahlt viel Geld, der Spieler verdient viel Geld. Wenn der Spieler dann die Leistung nicht bringt, ist der Fan sauer. So einfach kommt das zustande.*

TN: Wie steht es denn mit der Solidarität in der Mannschaft? Der Torsten Legat ist ja wohl nicht der einzige, der schlecht spielt, aber auf ihn wird alles abgeladen. Wie wird denn das in der Mannschaft diskutiert?

RW: *Ich kann dazu nur sagen, daß der Torsten nie so richtig die Bindung zur Mannschaft gefunden hat, schon vom ersten Tag an. Ich meine schon, daß er die Erwartungen nicht erfüllt hat und dementsprechend einen schweren Stand in Frankfurt hat. Das ist vielleicht keine faire Sache, aber das ist nun mal so. Es war auch nie die Mannschaft, die sich in den Medien dazu geäußert hat, sondern immer nur Torsten selbst.*

TN: Was empfindet man, wenn man im Aufgebot der Nationalmannschaft ist?

RW: *Das ist natürlich immer eine Ehre, obwohl jetzt viel diskutiert wird von wegen der vielen Absagen und ob die Spieler keine Lust mehr hätten, in der Nationalmannschaft zu spielen. Das ist aber absoluter Blödsinn. Wenn ein Spieler Nationalspieler wird, steigt schließlich auch sein Marktwert. Es ist jedenfalls nicht so, daß die Spieler auf die Nationalmannschaft keine Lust mehr haben.*

TN: Wie ist es denn, wenn du durch Frankfurt gehst und die Fans alle auf dich zeigen, oder es kommen schöne Frauen und knutschen dir die Wange? (Lachen) Ich meine, ist es so, daß es dir schon total auf die Nerven geht, oder sagst du „Hallo Junge, aber nun verpiss dich wieder"?

RW: *Na, so schlimm ist das nicht. Einige drehen sich zwar mal um und gukken auch mal. Ich denke dann: Jetzt hat er dich erkannt. Aber die meisten*

Leute gehen weiter und sprechen mich nicht an. Wenn es dann doch mal der Fall ist, hab ich auch kein Problem, so lange es im Rahmen bleibt.

TN: Was kriegt denn ein Schiedsrichter zu hören, der Mist gepfiffen hat?

RW: *Ein Spieler von VFL Bochum ist jetzt gesperrt worden, weil er „du Blinder" zum Linienrichter gesagt hat. Das ist aber gang und gäbe, daß das gesagt wird. „Blinder" in bezug auf den Schiedsrichter ist eigentlich ein weitverbreitetes Wort.*

TN: Härtere Sachen werden nicht gesagt? Wie weit kann man gehen? Was läßt sich ein Schiedsrichter gefallen?

RW: *Es gibt auch Schiedsrichter, zu denen kannst du zwar sagen „Du bist das letzte Arschloch", der macht dann vielleicht zunächst überhaupt nichts; aber später pfeift er gegen dich. Und wenn du dir dann auch nur eine Kleinigkeit leistest, bekommst du die rote Karte doch noch, die du schon vorher verdient hättest. Ich denke, man sollte schon ein bißchen aufpassen, was man zum Schiedsrichter sagt, auch wenn viele Emotionen im Spiel sind. Es fällt immer auf den Spieler zurück. Aber das läßt sich hier alles sehr leicht sagen.*

TN: Welcher Schiri ist denn am tolerantesten?

RW: *Der Schiri Heinemann, der ist für mich ein absoluter Topschiedsrichter, der auch immer einen guten Draht im Spiel zu den Spielern hat, und das ist sehr wichtig. Er ist einer der wenigen, bei denen das der Fall ist.*

TN: Fühlt sich Andy Köpke gegenüber der Mannschaft für das Tor schuldig?

RW: *Er hat es überhaupt nicht nötig, sich zu entschuldigen. Er hat es zwar direkt nach dem Spiel getan, aber wir machen auch so viele Fehler im Spiel. Ich denke, es hat ihm keiner übelgenommen.*

TN: Ich finde es eine Unart, daß in der Bundesliga jeder Spieler – obwohl er ein klares Foul gemacht hat – beim Schiri protestiert. Ist das eigentlich gewollt, will das der Trainer so? Was sind die Hintergründe?

RW: *Es hat in der letzten Zeit sehr stark zugenommen, daß jeder gleich zum Schiri rennt, obwohl er ein Foul gemacht hat. Wir haben in der Bundesliga ganz spezielle Spieler, bei denen man das oft beobachten kann. Das hat ein bißchen überhand genommen; wie man das in Grenzen hält, ist die Frage. Aber deswegen jemand gleich die rote Karte zu zeigen, ist wohl ein bißchen überzogen. Die Spieler müßten einfach vernünftig sein und das nicht dauernd machen.*

TN: Mich würde dein Werdegang interessieren.

RW: *Wie gesagt habe ich mit fünf Jahren in einem kleinen Dorf angefangen, bin dann mit 10 Jahren nach Offenbach gegangen, wurde nicht geholt, sondern bin einfach mal hingegangen, durfte dann wiederkommen und bin dann dort geblieben bis '89. Dann gab es für Offenbach den Lizenzentzug und den Abstieg in die Oberliga. Zu der Zeit kam Bernd Hölzenbein auf mich zu. Ich hab zugesagt, obwohl es für damals ein sehr schwerer Schritt war, ich meine zwischen Offenbach und Frankfurt gibt es eine gewisse Feindschaft. Insofern war das recht schwer, aber ich hab es dann gemacht, mußte nicht umziehen und so weiter.*
Aber es gibt immer noch einige, für die bin und bleibe ich der Offenbächer.

TN: Wie ist das überhaupt? Es gibt ja kaum noch Spieler in einer Bundesligamannschaft, die aus der eigenen Stadt sind. Die Fans brüllen ja schon „Wir sind Frankfurter und ihr nicht".
Was bedeutet für euch eigentlich der Verein? Ist er bloß ein Arbeitgeber, oder ist auch noch eine gewisse Bindung zum Verein da?

RW: *Also ich spiele jetzt im sechsten Jahr in Frankfurt und ich fühle mich sehr wohl in Frankfurt. Es gibt zwar auch andere Spieler – heute hier, morgen da, wo gibt's die meiste Kohle. Bei mir ist das nicht so. Ich habe einen Vertrag, der läuft noch zwei Jahre und ich könnte mir vorstellen, diesen auch noch mal zu verlängern.*

TN: Also mich würde mal was ganz Privates interessieren. Sie[25] hatten ja mit Stepanovic etwas Zoff. Wie läuft es denn jetzt mit ihrem Schwiegerpapa? (Lachen)

RW: *Wir haben damals keinen Zoff gehabt. Der Steppi hat das Spiel so ausgerichtet, daß meine Qualitäten voll zum Tragen gekommen sind, und was soll ich noch sagen, ich bin mit seiner Tochter nicht mehr zusammen und insofern ist das Verhältnis* (Gelächter) *zum Steppi ein bißchen eingeschlafen. Ich hab aber mit ihm nie ein großes Problem gehabt.*

TN: Was verdienst du eigentlich, 10.000,- oder 20.000,-?

RW: *Ich verdiene im Jahr, ehm, Moment,* (großes Raunen) *eine sechsstellige Summe.*

Zuruf: Frechheit!

TN: Immerhin, es ist schon mal interessant zu wissen, ob es eine sechsstellige oder siebenstellige Zahl ist.

TN: Mich würde mal die ganze Problematik Jupp Heynckes – Yeboah – Gaudino interessieren. Wie war das aus der Sicht der Spieler?

RW: *Also es war so, daß der Toni und der Mauri – den Jay-Jay kann man da ein bißchen ausklammern, den haben die beide mitgezogen – von Anfang an signalisiert haben, daß sie keine Lust haben, unter diesem Trainer zu spielen. Und das ist eigentlich im Training immer krasser geworden, und dann war einmal der Tag X da, an dem der Trainer gesagt hat: „Ihr kommt heute nachmittag noch mal." Wir waren da alle dabei. Aber der Toni hatte dann Kopfweh und der Mauri schwere Beine nach dem Nachmittagstraining. Beide Spieler haben sich geweigert, am selben Abend ins Hotel zu kommen und samstags gegen Hamburg zu spielen. Die Entscheidung, beide Spieler zu suspendieren, fiel erst nach dem Hamburg-Spiel. Aus meiner Sicht war das eine korrekte Entscheidung. Daß wir für den Toni keinen Ersatz haben, war auch klar, aber das war nun mal keine sportliche Entscheidung.*

TN: Ärgert man sich nicht, wenn man sieht, daß der Toni pro Spiel zwei Tore bei Leeds macht?

RW: *Der Uwe Rössler hat auch in England pro Saison 25 Tore gemacht und es in der Bundesliga nie gepackt. Ich denke mal, daß es in England nicht so schwer ist, die Tore zu machen wie in Deutschland. Viele Leute denken auch, es ist doch ganz einfach, für die Eintracht den Toni wieder zu holen. Ich sehe es als nicht so einfach, den Toni wieder zu holen. Wenn der Toni zurückkommen würde, hätte er den absoluten Freischein für alles, was er gerade macht, und der Toni neigt auch ein bißchen dazu, das auszunutzen. Das könnte dann Probleme in der Mannschaft geben.*

TN: Wie kommt es eigentlich, daß die Trainer nie lange bleiben. Seid ihr so komplizierte Menschen, daß es die Trainer mit euch nicht lange aushalten, oder woran liegt das?

RW: *In der Regel ist es ja so, daß die Trainer gegangen werden. Der Jupp Heynckes war eine Ausnahme, weil er selbst das Handtuch geworfen hat. Maßgebend ist aber der Erfolg für den Trainer. Den hat der Jupp Heynckes nicht gehabt und deshalb ist er gegangen. Die Trainer stehen heute immer mehr im Mittelpunkt, ich weiß nicht warum das so ist, aber es ist so. Letztendlich spielt aber nicht der Trainer, sondern spielen die Spieler, und deshalb sollten sich die Vereine was überlegen, da es mit den Trainerentlassungen nicht mehr so weitergehen kann.*

TN: Noch mal zu Toni Yeboah, der hat doch auch schlecht gespielt, und daß er zu Beginn der Saison Übergewicht hatte, hat doch jeder gesehen.

RW: *Das stimmt. Das hat der Jupp Heynkes auch kritisiert, ganz sachlich. Kritik war Toni aber nicht gewohnt. Er war für alle Trainer etwas Besonderes, und bei Jupp Heynckes war das nicht der Fall. Das hat der Toni nicht verkraftet, und er wollte nicht einsehen, daß der Trainer recht hat.*

TN: Euer Sponsor ist doch Tetra Pak. Was habt ihr da so für Verpflichtungen?

RW: *Tetra Pak macht drei- oder viermal im Jahr irgendwelche Aktionen, die meist mit einem Freundschaftsspiel verbunden sind. Da müssen wir anreisen, wenn's geht auch mit der besten Mannschaft, das ist der eine Teil. Was aber für die Mannschaft am schlimmsten ist, das sind die gelben Trikots mit den blauen Hosen. Das sind die Farben von Tetra Pak. Die haben mit Frankfurt eigentlich überhaupt nichts zu tun, und die Mannschaft haßt es eigentlich auch, die Trikots anzuziehen, aber das ist Bestandteil des Vertrags.*

TN: Wir sprechen diese Woche über Fußball und Gewalt. Euer Verhalten hat diesbezüglich eine große Außenwirkung. Wie spricht die Mannschaft darüber, und wie spricht der Verein über derartige Probleme?

RW: *Was die Fanarbeit angeht, liegt doch einiges im argen. Vom Verein kommt in dieser Richtung sehr wenig. Ich hab in der Vergangenheit diesbezüglich ja auch einige Fehler gemacht. Nach einer gewissen Zeit denkt man noch mal drüber nach und sieht die Sache etwas anders. Ich denke, daß ich jetzt etwas ruhiger geworden bin, und ich hoffe, daß das auch so bleibt. Andererseits ist Fußball nun einmal ein aggressives Spiel, und schließlich sind die Fans selber auch gefordert, sich am Riemen zu reißen. Klar gibt es auch eine Vorbildfunktion, aber schließlich ist jeder selbst verantwortlich für das, was er macht.*

TN: Inwiefern schränkt der Vertrag gewisse Lebensweisen ein? Darfst du dreimal die Woche in die Disco gehen oder ist das laut Vertrag verboten?

RW: *Was ein Spieler von Sonntag bis Mittwoch macht, ist ihm selbst überlassen. Ansonsten gibt es im Vertrag einen sehr allgemeinen Satz, in dem es heißt, daß alles zu unterlassen ist, was die Gesundheit des Spielers gefährdet, aber darunter kann man alles verstehen. Also wir gehen in die Disco, wir trinken mal einen, ich rauche auch mal 'ne Zigarette, wenn ich Lust dazu hab, ich mach eigentlich das, wozu ich Spaß hab.*

TN: Darf man auch Skifahren?

RW: Skifahren ist 'ne heikle Sache, weil relativ viel passiert, und wenn etwas passiert, ist es meist auch etwas Schwerwiegendes, aber ich war auch vor ein paar Wochen in Saalbach, und es ist nichts passiert.

TN: Wie sieht der Wochenablauf für euch aus, mit allem Reisen, Training usw.? Wieviel Zeit in der Woche müßt ihr aufbringen?

RW: *Es kommt darauf an, ob wir eine englische oder eine normale Woche haben. Wenn wir eine normale Woche haben, dann hält sich das in Grenzen.*

TN: Ist das dann die 38½-Stundenwoche?

RW: *Montag ist frei, Dienstag haben wir zweimal Training. Also 8.30 Uhr geh ich aus dem Haus, 10 Uhr ist Trainingsbeginn, 13 Uhr bis 14 Uhr ist Krankengymnastik. Um 15.30 ist wieder Training so etwa bis 17 Uhr. Mittwoch, Donnerstag und Freitag ist je ein Training.*
An einem Spieltag ist morgens um 8.30 Frühstück. Danach ist noch ein kleiner Lauf, und wir kicken ein bißchen. Dann ist Spielvorbereitung. Um 11 Uhr Essen. Dann ist noch mal Mittagsruhe, und dann ist das Spiel. Also da kommt schon ein bißchen was zusammen. Wir sind keine Faulenzer. Bei einigen kommt die Nationalmannschaft noch dazu. Da sind wir die nächste Woche von Sonntag bis Mittwoch weg. Die Woche drauf ist ein Spiel in Bulgarien, da ist man von Sonntag bis Donnerstag weg, und am Freitag muß ich dann nach Hamburg fliegen, denn am Samstag ist das Spiel in Hamburg. Viel Freizeit bleibt da nicht.

TN: Das ist ja nur der sportliche Ablauf, da ist ja noch keine Repräsentation für den Verein dabei.

RW: *Besuch von Fanclubs ist da noch nicht dabei.*

TN: Das ist ja auch nicht so viel, oder?

RW: *Ja.*

TN: (Lachen)

RW: *Aber es ist in der letzten Zeit ein bißchen mehr geworden.*

TN: Was sagst du zu den Autoschiebereien des Gaudino?

RW: *Da kann man nicht viel sagen, da die Anklageschrift noch gar nicht verfaßt ist. Ich war natürlich schon etwas geschockt, weil ich damit nicht gerechnet hätte.*

TN: Gibt es Mannschaften, gegen die du nicht gern spielst, weil die so brutal sind?

RW: Nein, das kann man nicht sagen. In Bochum habe ich nicht gern gespielt, weil wir da meist verloren haben, aber was die Härte angeht, gibt es kaum Unterschiede.

TN: Wie sieht das denn bei dir oder bei deinen Kollegen mit dem Aberglauben aus?

RW: *Also ich hab mir das alles abgewöhnt. Ich hab auch schon alles probiert, aber das geht drei, vier Wochen gut, und dann verlierst du doch. Also z.B. den linken Schuh zuerst anziehen, das kannst du doch alles vergessen.*

TN: Aber probiert hast du es.

RW: *Ja, ich hab's probiert, aber ich werd's nicht mehr probieren.*

TN: Macht ihr vor dem Spiel so 'ne Art Videoanalyse? Mich wundert z.B. immer, wenn die Reporter sagen: „Seit 17 Jahren keinen Sieg im Frankfurter Waldstadion erlangt". Schreiben die sich das immer auf, und macht ihr das auch so?

RW: *Der Reporter sitzt in seinem Häuschen, hat drei, vier Zettel dabei mit allen Informationen über die Spieler und die Spiele. Das ist keine Kunst, das abzulesen.*

TN: Das war jetzt nur so ein Beispiel. Ich meine, kommt der Charlie Körbel (Trainer) zu dir und sagt: „Paß auf diesen Stürmerdepp auf, der macht immer das und das"?

RW: *Wir haben mal eine Videoanalyse gemacht, das war gegen Juventus Turin, und man kann schon sagen, daß uns das was gebracht hat, denn das war eine fremde Mannschaft.*
Aber im normalen Bundesligaalltag kennt man ja die Spieler des Gegners. In der Vorbereitung werden dann gewisse Zuordnungen gemacht, z.B. bei Eckbällen. Wenn ich gegen den Andy Herzog spielen muß, da braucht mir der Charlie nichts mehr zu sagen, weil ich den Spieler kenne. Das trifft eigentlich auf die meisten anderen auch zu. Man soll das Fußballspiel nicht komplizierter machen, als es ist.

TN: Mit dem Fußball ist es mit paar'ndreißig meist zu Ende. Manche kikken dann noch ein paar Jahre in der Oberliga, aber dann ist endgültig Schluß. Hast du eine Ausbildung, bzw. hast du schon überlegt, was du nach dem Ende der Karriere machst? Es sind ja wohl die wenigsten, die so viel verdient haben, daß sie sagen können, es ist mir egal, was danach kommt.

RW: *Ich habe eine Lehre als Industriekaufmann gemacht, bei der Hoechst AG, die habe ich auch abgeschlossen. Ich kann mir aber nicht vorstellen, jemals wieder in dem Beruf zu arbeiten. Das in der Öffentlichkeit vorherrschende Bild, Fußballer seien dumm, trifft sicherlich nur auf die wenigsten zu. Was mich betrifft, ich habe mein Geld ganz gut angelegt, und wenn ich noch fünf, sechs Jahre so weiterspielen kann, so denke ich, werde ich finanziell keine Probleme mehr haben. Es gibt aber auch Spieler, die haben nach der Karriere zwar viel Geld, haben aber nichts gelernt und haben keine Beschäftigung mehr. Die kriegen dann Probleme, weil sie keine Aufgabe mehr haben.*

TN: Hast du dir schon mal überlegt, wie lange du Fußball spielen willst?

RW: *Also ich hab noch einen Zweijahresvertrag, und ich hoffe, den noch einmal verlängern zu können. So Anfang 30 wird es so langsam zu Ende gehen, weil ich – so blöd sich das anhört – mit 25 schon einige Probleme habe. Ich hab schon ein paar Operationen hinter mir, bin also nicht ganz unvorbelastet; daher denke ich, Anfang 30 ist Ende.*

TN: Spielst du dann keinen Fußball mehr?

RW: *Doch, ich denke, daß ich im Amateurbereich noch ein paar Jahre spielen werde, denn so ganz ohne Fußball wird es nicht gehen.*

TN: Der Povlsen ist ja jetzt Sportinvalide. Was bedeutet das, wie sieht das vertraglich aus? Bist du dann raus aus dem Vertrag? Wer zahlt dann?

RW: *Das ist das große Problem bei den Fußballern. Du zahlst monatlich schön brav deine Beiträge, aber wenn dann die Versicherung zahlen soll, gibt es Probleme. Es gab immer Schwierigkeiten, und ich glaube, es gibt keinen einzigen Fall, bei dem das reibungslos über die Bühne gegangen ist. Ich bin sicher, daß es auch beim Flemming Povlsen noch Monate dauert, bis er das Geld bekommt, das ihm zusteht.*
Wie war noch die Frage?

TN: Was ist mit dem Vertrag; wird man noch weiterbezahlt, oder ist man raus?

RW: *Es heißt, daß ein Spieler, der das Geld von der Versicherung bekommt, keinen Lizensvertrag mehr unterschreiben darf. Wenn er noch 20 Jahre in der Landesliga spielt, hat das damit nichts mehr zu tun. Er darf keinen Profivertrag mehr unterschreiben.*

TN: Wie ist das, wenn man gegen ausländische Mannschaften spielt? Ist man da aufgeregter?

RW: *Ein Europapokalspiel ist eigentlich immer etwas Besonderes. Gegen Juventus war das für mich persönlich ein absoluter Höhepunkt. Die ganze*

Vorbereitung auf so ein Spiel läuft insgesamt etwas gezielter ab, als das bei einem normalen Bundesligaspiel der Fall ist.

TN: Ja, oder man versteht doch auch gar nicht, was die sagen, und dann weiß man nicht, wohin die spielen.

RW: *Die verstehen ja auch nicht, was ich sage. Was auf dem Feld abläuft, hat mit der Sprache herzlich wenig zu tun; die Sprache spielt eigentlich keine Rolle.*

TN: Und wie ist das mit dem Schiedsrichter?

RW: *Wenn ich in der Nationalmannschaft spiele, halte ich ohnehin meinen Mund, weil ich kein etablierter Spieler bin. Ich nehme mir nicht raus, mit dem Schiedsrichter zu diskutieren.*

TN: Du hast eben Andreas Herzog erwähnt. Wie ist das, wenn du gegen ihn spielen mußt? Hat man da Respekt, gehst du dann besonders motiviert in das Spiel, oder wie ist das?

RW: *Wenn ich weiß, daß ich gegen einen Spieler spielen muß, der überdurchschnittlich gut ist, dann ist man schon konzentrierter. Wenn ich gegen einen relativ unbekannten spiele, dann denke ich, daß ich ihm mein Spiel aufdrücken muß, so daß er sich mit mir beschäftigen muß und nicht umgekehrt. Aber wenn ich jetzt z.B. gegen Herzog oder gegen Mario Basler spiele, dann muß ich mich voll konzentrieren.*

TN: Es ist ja wohl auch so, daß ihr bei Pokalspielen sehr gut spielt und bei weniger wichtigen Spielen saumiserabel. Wie ist es zu erklären, daß ihr euch nur noch bei wichtigen Spielen motivieren könnt?

RW: *Ja das ist eine gute Frage. Das Phänomen taucht immer wieder auf. Es ist schon schwer direkt nach einem Europapokalspiel, sich zu Hause gegen Uerdingen 100prozentig zu motivieren. Warum das so ist, ist eine schwierige Frage. Man sollte da keineswegs vermuten, daß es an der hohen Prämie für das Weiterkommen liegt.*

TN: Wenn man weiterdenkt, dann müßte man doch sagen, daß jedes Spiel wichtig ist, damit man im nächsten Jahr wieder international dabei ist.

RW: *Das ist schon richtig. Aber auch bei vielen ausländischen Clubs ist es so. Man sieht die Spieler bei internationalen Begegnungen und denkt „sind das Superspieler", und wenn man sie dann in ihren Ligen spielen sieht, erkennt man sie kaum wieder und denkt „das kann nicht wahr sein".*

TN: In welchem Fußballstadion, außer dem Waldstadion, spielst du am liebsten?

RW: *Also ich spiele am liebsten in Dortmund, erstens weil wir da immer gut gespielt haben, zweitens weil das Stadion eng ist, keine Laufbahn, die Fans eng dabei, gute Atmosphäre, da macht es einfach Spaß. In Frankfurt gibt es schon Probleme, die große Laufbahn, die Fans sind auch schwierig, sag ich mal. Ich mein jetzt nicht nur die Fans, die im Block stehen, sondern auch die Tribüne und alles Drum und Dran. Deshalb tun wir uns auch schwer, mal ein Spiel umzubiegen, wenn wir zurückliegen, da wir die Unterstützung der Zuschauer ein bißchen vermissen. Es ist natürlich ein Problem, daß das Stadion nicht so eng ist. Aber es soll ja auch da was Neues geben.*

TN: Also du meinst, die Zuschauer beeinflussen doch das Geschehen?

RW: *Ja. Freiburg fällt mir jetzt dazu ein. Ich bin überzeugt, wenn die Freiburger nicht das enge Stadion hätten, würden sie nicht so weit vorne stehen.*

TN: Naja, die Freiburger spielen aber auswärts auch gut.

RW: *Aber wenn ich zu Hause alle meine Spiele gewinne, dann tue ich mich auch auswärts leichter. Ganz abgesehen davon, daß Freiburg schon eine gute Mannschaft ist, aber auch nicht so gut, daß sie im Normalfall so weit oben mitspielt. Das glaub ich einfach nicht.*

TN: Was hast du für ein Gefühl gehabt, als ihr gegen Wolfsburg im Pokal verloren habt.

RW: *Ich war stinksauer, weil ich auch eine rote Karte bekommen hab – natürlich zu Unrecht, wie das immer ist, wenn man eine rote Karte bekommt.* (Lachen) *Nein im Ernst, es war zu Unrecht. Ansonsten war es schon peinlich. Die Wolfsburger hatten nur einmal auf unser Tor geschossen.*

TN: Meinst du, die haben Chancen den Pokal zu gewinnen?

RW: *Nein, glaube ich nicht.*

TN: Wie war dein Verhältnis zu den Trainern?

RW: *Mit Jörg Berger hatte ich damals eigentlich von Anfang an ein gutes Verhältnis. Wenn man gut spielt und nicht den Molly macht, dann hat man keine Probleme. Viele junge Spieler laufen bei uns ein, spielen überheblich und arrogant, haben eine große Klappe und haben noch gar nichts geleistet. Kein Wunder, wenn sie dann Probleme kriegen.*

TN: Hast du einen richtig guten Kumpel bei der Eintracht?

RW: *Ja, da hab ich einige: der Manni Binz zum Beispiel, der Dirk Wolf, der Mirco Dickhaut. Das sind so die drei Spieler, mit denen ich privat einiges mache. Der Manni ist der, der ganz oben steht.*

TN: Wie war das Gefühl, als du zum ersten Mal in ein volles Stadion reinkamst?

RW: *Das weiß ich gar nicht mehr. Ich weiß aber noch, damals in der B-Jugend, da hatten wir das Endspiel um die Deutsche Meisterschaft, da waren 10.000 Zuschauer am Bieberer Berg, das ist mir noch in Erinnerung geblieben. Da kamen wir aus der Kabine raus und hatten 600 Leute erwartet, aber plötzlich waren da so viele. Das hat ganz schön Eindruck auf mich gemacht. Später hat mich das dann nicht mehr so beeindruckt.*

TN: Du bleibst echt ganz cool, wenn da draußen ein volles Stadion auf dich wartet?

TN: In München warten ja 60.000 auf euch.

RW: *Wenn es 25.000 sind, belastet mich das gar nicht. Gegen die Bayern zu spielen, ist immer etwas Besonderes.*

TN: Was ist das für ein Gefühl, das alles entscheidende Tor zu machen?

RW: *Das ist schon ein gutes Gefühl, vor allem, wenn du eine zeitlang kein Tor gemacht hast.*

TN: Was fühlt man, wenn dann auf der Anzeigetafel ganz groß dein Name erscheint?

RW: *Das registriere ich gar nicht.*

TN: Gibt es in eurer Mannschaft eine Cliquenbildung?

RW: *Cliquenbildung, das wird immer so negativ dargestellt, obwohl das ganz normal ist. Es gibt junge Spieler, die machen etwas zusammen, es gibt die älteren, es gibt Spieler, mit denen kommt man gut aus, und es gibt Spieler, mit denen kommt man weniger gut aus. Nur auf dem Platz hat das dann nichts mehr verloren. Die Medien puschen das hoch, das ist alles Schwachsinn.*

TN: Der Manni Binz hat sich im Sport-Journal beschwert, daß er von der Eintracht vernachlässigt wird. Gibt es im Präsidium eigentlich jemand, der sich um die Mannschaft kümmert?

RW: *Das sollte ja normalerweise der Bernd Hölzenbein sein. Der Bernd Hölzenbein ist aber ein recht hölzerner Typ, der rennt oft an dir vorbei, grüßt dich nicht und ist auch relativ selten bei der Mannschaft. Das trägt nicht unbedingt dazu bei, daß das Verhältnis zwischen Präsidium und Mannschaft besser wird oder einfach gut ist. Das ist schon ein Problem, und beim Manni ist da auch einiges versäumt worden.*

Das Fußballspiel als Pseudojagd

Über die Ursprünge des Fußballs

Es hat einige Millionen Jahre gedauert, bis die Menschheit auf die Idee kam, die wilden Tiere bzw. die Beute nicht immer wieder einzufangen, sondern sie zu züchten und zu zähmen. Folglich ist ein beträchtlicher Teil der menschlichen Evolutionsgeschichte durch die Beutejagd geprägt. Das Raubtier Mensch mußte in den Anfängen jener Zeit, als es sich sozusagen vom Baumkletterer zum Läufer entwickelte, Strategien und Verhaltensweisen entwikkeln, deren genetische Spuren offensichtlich noch immer spürbar sind. Damit aus dem Sammler ein Jäger wurde, mußten die Menschen sich zu guten Sprintern und Läufern entwickeln, sie benötigten eine größere Intelligenz und ein gewisses Maß an Verschlagenheit, sie mußten die Fähigkeit entwikkeln, sich auf eine Sache zu konzentrieren und von dieser nicht abzulassen, bis die Beute geschlagen war. Vor allen Dingen aber mußten die Menschen ein Verhaltensmerkmal entwickeln, zu dem die tierische Konkurrenz, bis auf wenige Ausnahmen, nicht fähig war: Es bestand darin, als Kollektiv, beziehungsweise als Jagdgenossen, zusammenzuarbeiten. Die jagende Meute mußte Strategien entwickeln, Taktiken entwerfen, etwas riskieren, die Beute treffen und töten.

Viele der in dieser Beschreibung enthaltenen Eigenschaften spielen auch im Fußball eine bedeutsame Rolle. Nicht zufällig spricht man daher bei guten Stürmern auch von Torjägern.

Bevor wir das Fußballspiel genauer unter die Lupe nehmen, zunächst noch ein paar Worte zum Ende der geschichtlichen Phase, in der der Mensch vornehmlich ein Jäger war:

Es braucht wenig Phantasie, daß ein an das Jagen gewöhnter Geist, oder anders gesagt, ein Mensch, dessen ganzer Stolz, dessen ganze Identität eine Identität des guten Jägers ist, plötzlich nicht einfach nur Viehzüchter sein kann. Die Herausforderungen der Jagd kann man als Bauer in der durch Hegen und Pflegen geprägten Landwirtschaft sicherlich nicht finden. So ist es verständlich, daß in dieser Zeit, quasi als Jagdersatz, die Ära der blutigen Sportarten beginnt.

Die Bühne war sozusagen frei für jegliche Formen der Pseudojagd. Eine Form der Pseudojagd waren die Ballspiele. Sie waren ungeschliffen, roh,

formlos und ohne die uns heute bekannten Organisationsformen. Da es kaum Verbote bei diesen Ballspielen gab, waren sie meist äußerst brutal und rücksichtslos im Hinblick auf die körperliche Unversehrtheit der Gegner.
Eine Form, „il Calcio", wird noch heute als touristische Attraktion auf der Piazza della Signoria in Florenz gespielt bzw. aufgeführt. Il Calcio ist ein Spiel mit ganz wenigen Regeln, bei dem es jedes Jahr sehr schlimme Verletzungen gibt.

Das Fußballspiel als rituelle Jagd

Desmond Morris hat in seinem faszinierenden Buch über das Fußballspiel vier Phasen des Jagens und damit zusammenhängend vier Jägertypen beschrieben: [26]

1. die Überlebensjäger: unsere Urahnen, für die die Jagd und das Töten eine Sache auf Leben und Tod war
2. die Sportjäger: Männer, die jagten, obwohl die Jagd für die Ernährung keine notwendige Rolle mehr spielte
3. die Blutsportler in der Arena, die die Jagd vom offenen Land in die Arena holten und
4. die Arenaballsportler, die den alten Blutsport in den modernen Ballsport überführten.

Letzteren, den symbolischen Jägern, soll nun die Aufmerksamkeit gelten: Zunächst liefert Morris die folgende Beschreibung des Fußballspiels und der Anforderungen an den Spieler: „Die Jagd nach dem Ball erfordert äußerste Fitneß, das Spieltempo ein hohes Maß an Konzentration und das pausenlose Laufen über eine lange Zeitspanne größte Ausdauer. Zur immer vollständigeren Ballkontrolle werden besondere Geschicklichkeiten entwickelt, und der nicht vorhersehbare Fortgang des Spiels begünstigt eine ganz bestimmte Vorstellungskraft, die sich unmittelbar in körperliche Bewegung umsetzen läßt. Diese Bewegungen wirksam auszuführen, erfordert eine beträchtliche Kraft und im Augenblick größter Spannung einen kühlen Kopf. Vor allem muß jeder Spieler über eine ausgezeichnete Übersicht verfügen sowie über die Fähigkeit, genau zu zielen, vornehmlich im entscheidenden Augenblick, beim Schuß aufs Tor. Und schließlich muß ein hohes Ausmaß an positiver Motivation sowie die Fähigkeit vorhanden sein, angesichts der Bedrohung durch einen starken Gegner mutig zu handeln."[27]
In bezug auf das Gesamtsystem vergleicht Morris den Ball mit einer Waffe und die Beute mit dem Tor. Die Spieler greifen das Tor an, in das der Ball

hineingeschossen wird. Hat die Mannschaft mit der Waffe, dem Ball, das Ziel der Jagd, die Beute, das Tor, durchdrungen, geschossen, zählt dies als Erfolg, und die Jagd beginnt von vorn. Fußball ist so betrachtet eine verkappte Form der Jagd, in der der Jäger zum Fußballer wird.

Fußball ist aber nicht nur Pseudojagd, sondern auch ein wenig Pseudokrieg. Die Ernsthaftigkeit des Spiels wirkt oft, als ginge es um Leben oder Tod. Nationen treten gegeneinander an, es geht um Sieg und Niederlage, „wir" gegen „den Gegner". In den Beschreibungen des „Kampf"geschehens dominieren die kriegerischen Worte. „Von Schlachtfeld zu Schlachtfeld" lautete während der Fußballeuropameisterschaft 1996 die Überschrift eines Kommentars in der FAZ, in dem der Verfasser die martialischen Schlagzeilen („Achtung Kapitulation" und „Wir erklären Deutschland den Fußballkrieg") der britischen Boulevardpresse vor dem Halbfinalspiel England – Deutschland wie folgt kommentierte: „Der „Daily Mirror" hat Deutschland seit Montag den Fußball-Krieg erklärt. Nachdem die Truppen von General Berti bereits drei andere Länder überrannt hätten, gab das Blatt den Deutschen zwar noch die Chance, die Insel umgehend zu verlassen. Doch daß Kämpfer Vogts nicht so einfach aufgeben würde, konnten sich die Engländer denken." Der ironisch gehaltene Kommentar endet ganz unironisch mit der Aufforderung: „Jungs, haut sie weg!"

Das Ergebnis ist bekannt. Das Unglück des englischen Elfmeterschützen Gareth Southgate stürzte England in eine nationale Krise. Die Hoffnung der Wortschmieden diverser Boulevardblätter, das angekratzte Selbstbewußtsein der Engländer könne mit der Europameisterschaft abgeschüttelt werden, wurde zunichte gemacht.

Die Fußballeuropameisterschaft hat wieder einmal gezeigt, wie „König Fußball" neben dem rein sportlichen Ereignis auch die Geister verlorener Schlachten und Kriege wachruft und wie er die nationalen Gefühle aufwühlt, und dies in einem Maße, daß plötzlich die aktuelle Befindlichkeit ganzer Nationen von zweifelhaften Schiedsrichterentscheidungen und verschossenen Elfmetern abhängt. Etwas aus der Distanz betrachtet und angesichts des künftigen föderalistischen Europas wirkt der Ernst des Geschehens eher lächerlich und stimmt bedenklich.

Die atavistische Spieltheorie vertritt die Auffassung, daß im Spiel die niedrigen Instinkte aus der frühen tierischen und urmenschlichen Zeit, die noch z.T. vorhanden sind, abgeschwächt und abgebaut werden. In bezug auf die vom Nationalen überlagerten Fußballspiele kommen daran Zweifel auf; das Gegenteil scheint der Fall zu sein.

Alfred Kolberg

Firlefanz und Sinn – Bemerkungen zum Verhältnis von Mensch und Spiel

Ist Fußball ein Spiel? Obwohl vom Fußball in diesem Beitrag nur selten direkt die Rede sein wird, sollte die Frage doch am Ende mit einem klaren „Ja, aber ..." zu beantworten sein. Was ist überhaupt ein „Spiel"? Was fasziniert daran? Wo ist der Scheidepunkt von Spiel und Ernst? Welches Wissen schafft die Wissenschaft in ihren Spiele-Theorien? Rettet das Spiel, wer es (zer)stört?

Eigentlich soll Spielen etwas Schönes sein, etwas Leichtes, Lustiges, das Gegenteil von Ernst und Arbeit. Den Kindern wird es zugestanden, besonders wenn man sie mal los sein will: „Geh spielen!" Das absichtslose Tun, die zweckfreie, sinn-lose Tätigkeit ist im Laufe der Geschichte immer mehr zu einer Sache für Phantasten und unreife Persönlichkeiten geworden und wird im Erwachsenenalter allenfalls bei Künstlern akzeptiert. Im wirklichen Leben haben die meisten Spiele einen Grund, funktionieren nach Regeln und dienen einem Zweck. In einer Leistungsgesellschaft bleibt auch das Spiel nicht spielerisch, es wird zur Leistungsschau. Übungen zur geistigen Ertüchtigung, Körper-Fitness-Training und die Pflege von Vereins- und Nationalstolz haben sich der Spiele bemächtigt. „Spieglein, Spieglein an der Wand, wer ist der/die Erste im ganzen Land?" Unentschieden, Remis, ist immer zweite Wahl. So haben sich Sieg und Niederlage, Können und Versagen, Ehrgeiz, Kampf, Hoffnung und Verzweiflung auch derjenigen Spiele bemächtigt, die einstmals für Entspannung sorgen sollten. Im Bann der Wenn-Dann-Logik bleibt für Zufall wenig Raum. Rahmen und Regeln engen das Spielerische ein. Die Wissenschaften haben wesentlich zu dieser Enge beigetragen, das Spiel begrenzt und funktional bestimmt. Spiel ist in der Folge nur ein Mittel, selten für sich selbst genug. Je mehr jedoch das rationale Denken in die Krise gerät, desto größer wird die Lust auf das unbegrenzte, freie Spiel. Glücklich, wer es dann noch kann. Aber Vorsicht: Wenn ausgerechnet das ungebundene Spiel die Menschheit aus dem Gefängnis der Rituale retten soll, schnappt – nicht nur weil es damit überfordert wäre – die Sinn-Falle augenblicklich wieder zu. Frei sein, heißt auch Verweigerung. Zu den dreiunddreißig glückseligen Augenblicken im Leben des chinesischen Gelehrten Chin Sheng-t'an, der im 17. Jahrhundert lebte, gehörte deshalb neben dem „Anschneiden einer Wassermelone" auch die „Unfähigkeit, Schach zu spielen".

Die folgende Übersicht über das doppeldeutige Spielverständnis in der Sprache und im alltäglichen Leben einerseits und im wissenschaftlichen Zugriff andererseits soll helfen, das zu vermeiden, was jede/r gerne hätte: eine eindeutige Spiel-Definition. Diese Verweigerung läßt dem Spiel freien Lauf und ist damit hilfreich und gefährlich zugleich. Was das für die Spiel-Süchtigen und die Spiel-Muffel bedeutet, kann am Ende nur noch angedeutet werden. Zum Glück!

Sprach-Spiele und alltäglicher Kampf

Man kann „sein Spiel mit jemandem treiben" oder ihm „den Ball zuspielen". „Das spielt keine Rolle", könnte man meinen, oder: „Da spiele ich nicht mehr mit." Man kann „die beleidigte Leberwurst spielen" oder sich wieder „ins Spiel bringen". Man spricht vom „Muskelspiel", vom „Beispiel", vom „Liebesspiel", vom „Vor-, Nach- und Zwischenspiel". Das Spiel kann ernst sein oder nur „als-ob". Man kann mit „Spielzeug" spielen, mit Gefühlen, mit sich, mit Freunden und mit Feinden. Alles könnte „spielend leicht" sein, wenn das Spiel gelänge. Die Verwendungsmöglichkeiten des Wortes Spiel scheinen unerschöpflich. Immer jedoch steht der Mensch selber mit auf dem Spiel. Doch vom „Spiel des Lebens" zum „Leben als Spiel" ist es ein großer

Schritt. Wer das Leben zu leicht nimmt, gilt als Luftikus, als Narr und naiv, aber auch als Lebenskünstler. Die „Leichtigkeit des Seins“ ist für viele unerträglich, besonders wenn man sie nicht hat. Akzeptierter sind schon „Spielräume“, Frei- und Entscheidungsräume zwischen möglichst klar definierten Grenzen. Techniker/innen kennen das Wort „Spiel“ als Maß zwischen zwei, ihrerseits wieder von Toleranzen bestimmten Teilen: ein Synonym für den modernen Spielbegriff. Freiheit in den Grenzen von.

Im Französischen heißt Spiel „jeu“, im Italienischen „gioco“, beides kommt vom lateinischen „iocus“ = Scherz, Spaß, Kurzweil, Spiel. Im arabischen Wort für Spiel „la'iba“ klingen auch die Bedeutungen von Zum-Narren-Halten und Hänseln an. Ebenso im jüdisch-aramäischen „la'ab“. Im Chinesischen gibt es den Oberbegriff Spiel nicht, man muß genauer sagen, was man meint: das unbeschwerte Kinderspiel, das Geschicklichkeitsspiel, den Wettkampf usw.; der spielerischste Begriff ist hier „wan“, wozu interessanterweise auch Den-Mondschein-Genießen gehört. Im Deutschen entwickelte sich das Wort Spiel aus dem althochdeutschen „spil“ = Tanz. Intuitive, empfindsame Bewegungen galten – von einigen immer auch abschätzig betrachtet – als spielerisch. Heute ist das Spiel, erweitert und zugleich eingeengt, als strategische Zweckvariante in der Wendung „Sport-Spiel-Spannung“ treffend eingerahmt. Aber neben dem Leistungsaspekt ist der Wunsch nach entspannter Nähe im Spielerischen groß. „Gesellschaftsspiele“ bieten, gegen die Einsamkeitsgefühle in der Masse, meist harmlose Kontaktmöglichkeiten, können aber auch bitterböse Varianten haben. Deren Freude am Schaden anderer ist ein Schaden durch die Freude. Nur selten gelingt – spielerisch – die Gegenwehr. In einem „Fragespiel“, von Alexander III. an Gefangene gerichtet, „Wer ist unter Euch der Dümmste? Er soll sterben!“, lautete die rettende Antwort: „Hier ist einer dümmer als der andere!“

Im Alltag dient das Spiel der Ablenkung, der Zerstreuung, der Unterhaltung, als Notbehelf gegen die Langeweile, als Mittel gegen die besonders im Zeitalter des Individualismus schmerzliche Leere der eigenen Persönlichkeit. Der Philosoph und Mathematiker Blaise Pascal, schrieb dazu im 17. Jhdt.: „Nichts ist für den Menschen so unerträglich, als in voller Ruhe zu sein, ohne Leidenschaften, ohne Geschäft, ohne Ablenkung, ohne Aufgabe. Dann spürt er sein Nichts, seine Verlassenheit, seine Unzulänglichkeit, seine Ohnmacht, seine Leere. ... Ein Billard und eine Kugel, die man stößt, genügt, um ihn zu zerstreuen.“ Ist die Spiel- und Unterhaltungsindustrie deshalb so erfolgreich? Das reglementierte Spiel eine Flucht vor der Freiheit, ein Beschäftigungswahn, eine Angst, die Arbeit und Spiel gleichermaßen umfaßt, ein angestrengter Zeitvertreib? Legitimierterweise ohne Unterbrechung nur

entlang der Regeln nachdenken zu müssen, scheint jedenfalls auch dreihundert Jahre nach Pascal noch immer ein existentielles Bedürfnis zu sein. Wird das Spiel zum Kampf, gerät es leicht zum Krampf. Sind beispielsweise die „olympischen Spiele" jemals welche gewesen? Immer schon ein Leistungsmessen war der sportliche Wettstreit ehedem nur ein Element innerhalb eines gesellschaftlichen Ereignisses. Der soziale Rahmen – in archaischen Gesellschaften waren dies meist weihevolle, religiös gebundene Feste – war wichtiger als das Sportereignis selbst. Die Inhalte dieser dem Sportspiel äußerlichen Zwecke haben sich markant verschoben. Zwar definiert sich das Gesellschaftsereignis Sport heute eigenständig, ist aber, durch die eigentlichen Akteure, die Sportlerinnen und Sportler, hindurch und um sie herum, wesentlich zum Firmen-, Agentur- und Staatskalkül geworden. Die Hauptsportarten treten als öffentliche Konkurrenz nicht an: Das Geldgeschäft bleibt hinter den Kulissen und erscheint als Werbung an der Balustrade oder am Trikot, und das Nationalgefühl wird mit Tabellen gespeist, in denen die Sportler manchmal, neuerdings seltener, auch gegen ihren Willen zählen. In diesen Sportarten haben längst nicht alle gleiche Chancen. Die Coca-Cola-Spiele von Atlanta erscheinen wichtiger als hundert Jahre Griechenland. Kein Terror – mit wie vielen Toten – kann/darf die „Spiele" stören. Krieg und Kriegsersatz und Kampf um jeden Preis. Geld kostet. Der Sport hat sich vom Spiel immer mehr entfernt. Spontaneität und Sorglosigkeit sind dem Training und der Leistungsschau gewichen.
Für die Sportler sind solche Spiele hart. Leistung bis zum Geht-nicht-mehr. Wer nicht dopt, ist doof. Wer sich erwischen läßt, noch doofer. Mit welcher Ehre geizt, wer Ehrgeiz hat? Das Spiel mit hohem Einsatz setzt alles auf eine Karte: Renommee als Kontostand. Die Spiel-Leidenschaft schafft, nicht nur im Sport, schlimme Leiden, und die Sucht sucht – Monopoly für Kinder, Spielbanken für Erwachsene! – immer mehr, nur nicht das Spiel.

Der wissenschaftliche Zugriff auf das Spiel

Wissenschaftler sind System-Fetischisten. Ihre Götter heißen Formel, Definition und Schemata. Auch die menschliche Spiellust bleibt davon nicht verschont. Etwa seit 200 Jahren, seit Rousseaus „Emile" und Friedrich Schillers „Briefe über die ästhetische Erziehung des Menschen", in denen das Spiel als anthropologischer Faktor über die Pädagogik bzw. über die Kunst einen zentralen Stellenwert bekam – Schiller: „Der Mensch ist nur da ganz Mensch, wo er spielt" –, wird das Spielphänomen als Objekt der wissenschaftlichen Neugier, aber auch als planvolles Erziehungsmittel fixiert. Im Grimmschen Wörterbuch von 1905 finden sich auf über 50 Seiten begriffsgeschichtliche Hinweise auf den zunehmenden Bedeutungsumfang von Spiel und Spielen. Historisch entwickelten sich die Beschreibungen und Analysen des Spiels von einfachen, auf je einen als bestimmend angesehenen Faktor konzentrierten Theorien hin zu komplexen, die Vielfältigkeit der Spielfaktoren berücksichtigenden Betrachtungen. Die anfängliche Geringschätzung des Spiels weicht einer hohen Akzeptanz als Mittel zur Persönlichkeitsentwicklung. Gern wird Albert Camus, der Beschreiber des absurden Welttheaters, mit dem Satz zitiert: „Das wenige an Moral, das ich habe, stammt – vom Theater mal abgesehen – vom Fußballplatz." Manche Autoren sehen im individuellen Spiel einen Gegenpol zur Massengesellschaft, andere im sozialen Spiel einen subversiven Gegenzug zur Industriegesellschaft und wieder andere in jedem Spiel eine Verblendung der Erkenntnisfähigkeit. Die deutungsoffenen, freien Interpretationen stammen meist von Philosophen, obgleich auch die Philosophie insgesamt wenig zu einer differenzierten Deutung des Spiels beigetragen hat; noch enger wird es in den Fach-Wissenschaften. Das Gute an den Wissenschaftlern ist auch hier, daß sie sich nie ganz einig sind. Einige Beispiele:

Das Spiel als menschliche Grundeigenschaft

- Als „spielendes Wesen" („homo ludens") begreift der Historiker Johan Huizinga den Menschen in seinem 1939 erschienenen, gleichnamigen Buch. Im Untertitel heißt es „Vom Ursprung der Kultur im Spiel". Alle Spielattribute seien bereits im Spielverhalten der Tiere angelegt: Freude, Sich-Necken, Regeln usw. Spiel, bei Huizinga eine „freie Handlung", die nichts beabsichtigt und trotzdem den Spieler völlig in Anspruch nimmt, sei mehr als Biologie und Mechanik, es habe über die subjektive Unmittelbarkeit hinaus eine „sinnvolle Funktion". Alle Kultur gehe in ihren wesentlichen Elementen auf das Spiel, zu dem neben dem Nachahmen und dem Schöpferischen schließlich auch das Sich-Verstellen und der Kampf gehören, zurück, also auch die Kunst, die Philosophie, das Recht und sogar der Krieg.
- Der Soziologe Leo Kofler sieht im Spiel die Vermittlung der rationalen und der irrationalen Seite des Menschen, von zweckgerichteten, vernunftgeleiteten Tätigkeiten und libidinösen, im Grunde anarchischen Bedürfnissen. Die Götter der planenden Vernunft und des lustvollen Rausches, Apollo und Dionysos, finden im spielenden Menschen eine Balan-

ce. In der Realität ist dieses Spiel selten ausgewogen, es wird meist von einer der beiden Seiten dominiert. Kofler will seinen „anthropologischen Spielbegriff", den er als „unveränderliche Voraussetzung menschlicher Veränderlichkeit" versteht, bewußt relativierend gegen die Vereinseitigungen der Realität setzen.

- Aus der Sicht des existentialistischen Philosophen Jean-Paul Sartre ist der Mensch prinzipiell genötigt, Rollen zu spielen. Dabei kann sich das Individuum mehr oder weniger mit seinen Rollen identifizieren. „Jede menschliche Existenz ist eine gespielte Existenz" zwischen Sein und Nichts. „Vielleicht muß man wählen: nichts zu sein oder zu spielen, was man ist." Kellner, Politiker, Liebhaber, Intellektueller ... Da der Mensch – glücklicherweise? – nie ganz identisch mit seiner Rollenexistenz ist, bleibt stets eine Differenz, die Raum zur Besinnung geben könnte.

Theorien einzelner Aspekte

Viele Wissenschaftler betrachten nicht das Spiel als Ganzes, sondern picken sich einzelne Eigenschaften heraus; in einigen Theorien verbergen oder offenbaren sich biologistische Auffassungen vom Menschen, andere verbleiben im Bereich bloßer Verhaltensphänomenologie.

- KRAFTÜBERSCHUSSTHEORIE. Das Spiel soll zum Abbau und zur Kanalisierung überschüssiger Lebenskräfte dienen. (Dumont, Hoffding, Spencer, Schiller) Georges Bataille spricht, weniger entschieden, von einer ebenso positiv wie negativ zu wertenden „zwecklosen Verschwendung".
- REINIGUNGSTHEORIE. „Schädliche" Energien, Neigungen und Tendenzen sollen durch das Spiel, besonders in Kampfspielen und im Sport, im Sinne einer „Reinigung", einer Katharsis, abgeleitet, abreagiert, gemäßigt oder beruhigt werden. (Claparède) Das Spiel wird als Ventilfunktion für Instinkte, Gefühle und Impulse angesehen. (Carr, Groos) Diese Theorie wird aktuell besonders im Zusammenhang mit Gewaltspielen, wozu auch das Anschauen grausamer Spielfilme und Horrorvideos gerechnet wird, kontrovers diskutiert.
- ATAVISMUSTHEORIE. Im Spiel sollen „niedrige Instinkte", die aus der früheren tierischen und urmenschlichen Zeit im Menschen noch rudimentär vorhanden seien, abgebaut oder abgeschwächt werden. (Hall)
- REKAPITULATIONSTHEORIE. Vermittelt über das Spiel wiederholen sich Elemente der allgemeinen Menschheitsgeschichte in jedem einzelnen Leben. Man spricht daher auch von der Kulturentwicklungstheorie

des Spiels. Diese Betrachtung findet sich besonders in entwicklungspsychologischen Studien. (Hall, Wundt)

- ERHOLUNGSTHEORIE. Neben dem Schlaf ist das vom „Ernstleben" befreite Spiel eine Art „tätiger Erholung" für Körper und Geist. Eine wichtige Vorraussetzung ist allerdings die Streßfreiheit des Spiels. Die Energien werden nach dieser Auffassung im Spiel nicht abgeführt, sondern aufgeladen; dadurch ist der Mensch für den „Rest" des Lebens, für die ernsten Phasen, besser vorbereitet. (Bulengerius, Lazarus, Patrick, Schaller, Steinthal)
- PSYCHOANALYTISCHE SPIELTHEORIE. Das Spiel verdeutlicht, ritualisiert und verarbeitet „maskierte", symbolisch verschlüsselte sexualerotische Vorstellungen. (Freud)
- MACHTBEWUSSTSEINSTHEORIE. Minderwertigkeitsgefühle schaffen sich im Spiel ein Gegengewicht. Reale Machtlosigkeit kann innerhalb des Spiels kompensiert werden, der Selbstbehauptungs- und Geltungs„trieb" schafft sich so Raum. Der Spieler ist der Macher, der die Regeln und die schlechteren/unterlegenen Mitspieler beherrscht. (Adler)
- NACHAHMUNGSTHEORIE. Das Kind schaut auf die Erwachsenen und übt nachahmend im Spiel, im Rollen-Spiel, „was es einst zu leisten hat und andere leisten sieht". (Wundt)
- EINÜBUNGS- oder SELBSTAUSBILDUNGSTHEORIE. Das Spiel als „unbewußt autodidaktischer Vorkursus für künftige Ernsttätigkeiten"; teils geschieht dies instiktiv, teils als Folge von Experimentierfreude. (Stern, Groos) Eng mit dieser Auffassung verbunden ist die
- THEORIE DER ICH-AUSDEHNUNG. Im Spiel bilden sich die erweiterten Möglichkeiten des späteren, entwickelten Ich. Spielerisch werden neue Verhaltensoptionen erprobt und gefestigt. (Claparède, Erikson)

Besonders im Denken von Pädagogen, Psychologen und Psychoanalytikern hat die funktionale Bedeutung des Spiels einen zentralen Stellenwert. Zuerst werden Menschen, meist Kinder, beim Spielen beobachtet, um dann mittels neuer Spiele Verhaltensänderungen anzuregen. „Ausspioniert und angeschmiert"? In der ehemaligen DDR-Pädagogik galt das Spiel ganz offen als „zweckgerichtete Methode zum Erreichen bestimmter Leistungen". Das Spiel wurde als „pädagogisches Mittel" eingesetzt, z.B. um soziales Verhalten zu entwickeln: die „freiwillige Ein- und Unterordnung und die Anerkennung der Spielregeln". In der alt-neuen BRD ordnen die Psychoanalytiker das Spiel der „kinderanalytischen Technik" zu, enträtseln anhand des Spielverhaltens und der benutzten Spielzeuge die Phantasien, Wünsche und Erfahrungen der Kinder, um sie dann „wertfrei" als Vorstufe der Konfliktverarbeitung zu „deuten“ (Klein). Manche gestehen dem Therapeuten dabei eine „lenkende“ oder „katalysatorische Funktion“ zu (Zullinger, Sänger), andere vertrauen auf ein „nicht direktives Verfahren“, das davon ausgeht, daß jeder Mensch über die Kraft verfügt, seine Probleme auf eine für ihn selbst befriedigende Weise zu lösen (Axline, Tausch/Tausch). Im Spiel können dann geeignete Verhaltensformen erprobt werden. Das Spiel soll ausgleichen, was im normalen Leben zu kurz kommt:

- die Entwicklung kognitiver, kreativer und moralischer Prozesse (Bühler, Piaget, Chateau)
- die Identitätsfindung (Mead, Parsons, Goffman)
- ein angemessenes Neugier- und Erforschungsverhalten (Heckhausen)
- die Entwicklung und Erprobung schöpferischer Lösungsansätze in problematischen Situationen (Flitner, Scheuerl, Rittner)
- Hilfen zur Konfliktverarbeitung (Klein, Zulliger, Axline).

Aber was ist an diesem Spiel noch spielerisch? Das Spiel ist mit Aufgaben überfrachtet, die es zu einer lebensentscheidenden, ernsten Sache machen. Durch den interessierten Zugriff von Menschen, die das Spielen vermutlich längst verlernt haben, ist es zu einem funktionalen Kalkül umgeformt. Kein Wunder also, wenn auch Manager, Politiker und Generäle im Sandkasten spielen und hier ihre strategischen „Szenarien“ entwerfen.

Mathematische Spieltheorien

Seit die Welt, bzw. ihr beherrschender Teil, unter dem Diktum der Naturwissenschaften nach Exaktheit dürstet, wurde die Mathematik – obwohl inzwischen von einer Leit- zur Hilfs- und Grundwissenschaft verschoben – immer wieder zur Oase der Leidenden am Ungefähren. Die mathematischen Spieltheorien (Neumann, Morgenstern, Kuhn, Worobjow ...) sind angetreten, unsichere Entscheidungssituationen berechenbar zu machen und bieten sich als Theorie zur exakten Beschreibung strategischer Spiele (Knobeln, Schach, Bridge, Skat usw.) und deren Gewinnmöglichkeiten an. Reine Glücksspiele ohne Eingriffsmöglichkeiten der Beteiligten sind dabei vorerst noch ausgeschlossen, aber auch der „Zufall“ reizt. Über „Entscheidungsbäume“, Schaubilder der Verhaltensoptionen, und „Auszahlungsmatrizes“, Gewinn- und Verlusttabellen, sollen mögliche Spielergebnisse vorausberechnet werden. Natürlich geht es dabei letztlich nicht ums reine Spielen, sondern um Voraussetzungen für statistische, kybernetische Problemstellungen, etwa um Wetterkalkulationen, um optimierende Produktions- und Preisvarianten und – nicht zuletzt – um militärische Planungen. Längst ist der Stand der Wissenschaft dabei über den, anfangs eher peinlichen, Beweis hinaus, daß die Gewinnwahrscheinlichkeit in einer Zweier-Alternative genau ½ beträgt. – Neuerdings weckt die „Chaos-Theorie" (Lorenz, Feigenbaum, Mandelbrot ...) die Erwartungen, das „Chaos", was seiner griechischen Bezeichnung nach ursprünglich „undifferenzierte Leere", jetzt aber „verwirrende Undurchschaubarkeit" bedeutet, erforschbar und damit kontrollierbar zu machen. Vorerst beschränkt sich die Chaos-Theorie auf den Bereich der Naturwissenschaften (die „Chaos-Tage" von Hannover werden von den Chaos-Theoretikern weder gesponsert noch erforscht). In dem Versuch, die natürlichen Chaos-Phänomene, die bislang als nicht-regelhafte, nicht-kontinuierliche und damit nicht vorhersagbare Erscheinungsfolgen galten, als (komplexe) Ordnungsstrukturen zu beschreiben, erweist sich die Chaos-Theorie im Kern als traditionelle Ordnungs-Theorie; sie erweitert die Geltungsbereiche der alten Wissenschaften, sprengt jedoch, trotz der modischen Begriffe, deren Grenzen nicht. Die „Fuzzy-Logik" der „verwacklungsfreien" Foto- und Filmkameras zielt wie eh und jeh auf das scharfe Bild und die der Zielfernrohre auf den genauen Schuß.

Daß Spiele gerade dann interessant sein könnten, wenn sie nicht klar mit Ja und Nein, mit Erfolg und Niederlage dual am Computer zu erfassen sind, sondern sich – etwa im Sinne altindischer Weisheitslehren – auf der vierten Weisheitsstufe nach 1. Ja und 2. Nein und 3. Ja *und* Nein als 4. *Weder* Ja *noch* Nein entfalten, ist mathematischen Spiellogikern ein Graus. Vor allem, wenn es nicht vier, sondern vierhundert oder vierzigtausend Variablen geben könnte.

Versuche, Spieltheorien im Sinne einer dialektischen Logik oder, noch schärfer, einer traumorientierten Logik zu entwerfen, die sich besten- oder schlimmstenfalls selbst negieren könnte, sind mir nicht bekannt. So wird der Blick vorerst von der exakten Logik auf die gesellschaftliche gelenkt, die das Diffuse immerhin schon ahnbar macht.

Kritische Spieltheorien

- In der Stimmung der Nach-68er-Jahre kritisierte Rudolf Heintz das Spiel als bürgerlichen Ideologiebegriff, als einen nur vorgeblichen Protest gegen die Entfremdung des Lebens, als leeren Utopieträger. Die Totalität des Spielbegriffs, die ihn zu einer Oberkategorie des Lebens stilisiere, bei Friedrich Schiller z.B. war Spiel eine generelle, überhistorische Vorstufe der Kunst, sei von Anfang an Lüge, da Totalität individuell nicht für alle zugänglich sei. Schon in der Romantik sei Spiel daher ein „bloßer

Gestus des Eingedenkens", eine „abstrakte Konfusion unerfüllter und unerfüllbarer Sehnsüchte". Im Spielenden erscheine daher die falsche, „emphatische Totalität ... als Pathologie". Spiel als Krankheit, mindestens aber als Opium der Illusionen. Der Sinn des Spiels sei, so Heintz, die Verfügung über den Bereich des Nicht-Spiels. Da dies aber nicht auffallen dürfe, könne „die Mittelhaftigkeit von 'Spiel' ... so gedehnt sein, daß der Anschein einer gänzlichen Freiheit von Zwecken aufkommt".

- Die Freude an den meist einfachen, überschaubaren Strukturen des Spiels und das legitimierte Absehen von den gleichzeitig sich ereignenden Grauen der Welt charakterisieren nach Theodor W. Adorno die Seite der Verdrängung am Spiel. Da das Spiel auf diese Weise „insgeheim" immer „Repräsentant des mythisch Lastenden" sei, müsse es sich „des eigenen Grauens inne" werden, wenn es „an Versöhnung" teilhaben wolle.
- Eine positive Kritik macht der Berliner Soziologe Dietmar Kamper. Er versteht das „Spiel als Metapher des Lebens". Das reine Haben-wollen werde im Spiel durch das Sein-lassen ergänzt. Die „Möglichkeiten des Menschlichen", die real immer mehr verschwinden, werden im „Homo ludens am ehesten repräsentiert". Durch bewußtes Spiel lernen die Kinder, „Zwiespältigkeit auszuhalten" und „nicht verrückt zu werden". Kampers Hoffnung: „Der Homo ludens ist nicht konditionierbar."

Adorno und Kamper spielen sich – um Jahrzehnte verschoben – die Bälle zu: „Bewußtes Spiel", bei dem sich die Spielenden „des eigenen Grauens inne" werden, an dieser „Zwiespältigkeit" jedoch nicht zerbrechen, sondern sie aushalten, „starke Schizophrene" werden, wie Kamper das nennt. Dieser Widerspruch zum Verständnis des Spiels als unmittelbare, primär nicht kopfgesteuerte Tätigkeit ist eine Zumutung für alle, die sich ihr reglementiertes Vergnügen nicht nehmen lassen wollen und Spaß mit Verdrängung verwechseln. Man muß nicht so böse sein wie der Philosoph Arthur Schopenhauer, der meinte, daß, wer keine Gedanken auszutauschen wisse, stattdessen lieber Karten nehme, aber die Stupidität vieler Spiele, besonders der techno-logischen Epoche, ist kaum zu übersehen. Computerspiele eingeschlossen. Dies zu bemerken, heißt nicht, daß jedes Spiel vor lauter Geistesblitzen leuchten müßte, aber doch, daß es verarmt, wenn es sie nicht haben kann. Die dunkle lange Weile der Spielenden, die sich die Zeit vertreiben, liegt meist nicht an den Beteiligten, sondern am Reglement, am Regelwerk der Spielanleitungen und -vorschriften. Diese werden oft frenetisch respektiert wie ein (Natur-)Gesetz. „Mal sehen, was in den Regeln steht", „solche Züge sind verboten", „Schiri, Telefon!". Autoritäre Persönlichkeiten – und hier werden die Spielenden doch wieder wichtig – halten sich mehr an die

Vorgaben als an sich selbst. Wenigstens im Spiel soll Klarheit herrschen, fair play, da kennt sich jede/r aus. Wie bei heimlichen Verstößen.

Schweres Spiel der leichten Art

Spiele sind ein Spiegelbild des Alltagslebens – und mehr. Sicher sagt die Art des Spielens immer auch etwas über die gesellschaftlichen Hintergründe aus, die das Spiel und die Spielenden zwar nicht bestimmen, aber doch in feste Bahnen nötigen. Zur Zeit geht der Zug vom freien Firlefanz zum vorbestimmten Sinn. Auch und gerade dort, wo sich das bunte Treiben als „frei" geriert und zur Methode wird, ist es an Sinn gebunden. Da macht es gar nichts, daß über diesen Sinn längst kein Konsens mehr herrscht. Im kleinen Spiel wird so getan, als sei die Richtung klar, im großen: Augen zu. Die Ausdifferenzierung der Werte, der schöne Schein der meinungslosen Toleranz und die hohe Mauer um die Unbeirrbarkeit der Gruppenzwecke decken jeden Zweifel zu. Irritationen haben keine Konjunktur im irritierten Panoptikum der Welt. Je nötiger sie wären, desto stärker werden sie verdrängt. Längst haben sich die Wertungen ins Gegenteil verkehrt: Das Spielen wird zu ernst genommen und die harte, ernste Wirklichkeit zu leicht. „Für Saddam. In Liebe!", schrieb US-Verteidigungsminister Cheney auf eine Bombe im Golf-Techno-Krieg, der bis heute keine Leichen kennt. Ebenso locker, aber hochkonzentriert, töten die Kids die digitalen Männchen, Monster und Gestalten im häuslichen Computerspiel, zu Hunderten purzeln sie vom Bildschirm nach dem gezielten Todesschuß. Solche Widersprüche sind nicht welche der Erkenntnis, sondern der direkten Tat. „Backe, backe Kuchen" spielen die Kinder und schieben sich die Pommes in den Mund. „Ich bin so frei", sagte der Kavalier und blieb aus Höflichkeit noch für ein Weilchen. Um die Differenz zwischen den eigenen Bedürfnissen und den stets schon vorhandenen Spielregeln nicht zu offenbaren, wird die Lüge Teil des Spiels. Pokerface und penetrante Lockerheit, Coolness und gespielte gute Laune sind die Zeichen des beliebtesten aller Spiele: „Mir kann keiner!"

Im Spiel reduziert sich – und das ist vielleicht sein wichtigstes Charakteristikum – die unendliche, verwirrende und für die Gefühls- und Verstandesdimensionen des Menschen auf Dauer (noch) unerträgliche Vielfalt der Welt, deren Unwiß- und Unwägbarkeiten, auf einen einzigen Bereich. Das Spiel wird den aktiven oder zuschauend teilnehmenden Spielenden unter Absehung von jeglicher Außenwelt und unter Ausblendung der Komplizierungen des eigenen Ich zu einer neuen, fiktiv-realen Welt, die für die Dauer des intensiven Spiels zum individuell kleinen großen Universum wird. Der Ball mutiert zum All. Endlich Ordnung, Überschaubarkeit, Risiko der kleinen Art. Diese Reduktion, die mit dem Ganzen spielt, kann beinahe als Variante mystischer Erfahrungen verstanden werden, als Sehnsucht nach dem Ganz-Dabeisein, nach der Nähe von oder gar der Verschmelzung mit Ursachen und Gründen oder nach der Hoffnung, in der All-Einheit einen festen Platz zu haben. Nähe und Indifferenz sind die Signen dieser Kunst. Für die, die sie beherrschen (wollen), ist Dabeisein – wahrscheinlich – wirklich alles. Mindestens für den Augenblick und höchstens für die Zeit des Spiels. Spiel ist daher in der Tendenz auf kein Spezifikum gerichtet. Indem es alles will, scheut es jeden Widerpart. Die Konkretion zielt auf das Allgemeine. Das Spiel, das freie und das nach Regeln, ist letztlich unbestimmt; suchend und flüchtig zugleich gleitet es von Augenblick zu Augenblick. Im Verständnis des Sprachphilosophen Ludwig Wittgenstein, seines zweiten Werks der Sprach-Spiele, in dem gerade nicht, wie in der ersten Fassung, zu schweigen war, worüber man nicht reden konnte, hat das Begreifen der Besonderheiten von situativen Flüchtigkeiten, die dadurch einzigartig sind, einen mindestens gleichrangigen Stellenwert gegenüber den konstanten Anteilen einer Sprachspiel-Situation. Daß dem Spiel die Bewegung näher ist als der Stand, macht die Bewegung trotzdem nicht zum Ziel. Sie ergibt sich einfach. Die Unfestgelegtheit des Spiels konstituiert seine Kraft und seine Schwäche, sie ermöglicht den spielerischen Ernst und die spielerische leichte Art. Sich darin – nach beiden Seiten offen – zu bewegen, fällt in Regelspielen (trotz der Entlastung durch die Form) vermutlich schwerer als im unbestimmten Spiel (trotz der Schwere, frei zu sein).

Definitionsverzicht oder: Die Spielverderber retten das Spiel

Wenn derjenige Teil des Spielens, der mehr ist als das Spiegelbild des „legitimen“, vor- und rücksichtslosen Kampfes um Sieg, Gewinn und Vorherrschaft, eine Chance haben soll, wenn also die kreativen Aspekte des Spiels – Gefühl, Ungebundenheit und Phantasie – deutlicher hervortreten sollen, dann müssen die derzeitigen Definitionsgrenzen der Spiele überschritten werden. Je nach Willen und Befindlichkeit der Beteiligten sehr wenig oder auch sehr weit. Erst Spiele ohne feste Definitionen machen die Mitspieler/innen nicht zu funktionierenden Teilen eines Erfüllungskalküls. Das Spiel ist das Tor zum Eigensinn. Wer es durchschreitet, ist frei. „Dunkel war's,

der Mond schien helle, als ein Auto blitzeschnelle, langsam um die Ecke fuhr. Drinnen saßen stehend Leute, schweigend ins Gespräch vertieft, als ein totgeschoss´ner Hase auf der Sandbank Schlittschuh lief", heißt es abseits der Logik in einem Kinderreim. „Ane zwane drane ... zepple bohne baffs". Die Wissenschaft war um einen Namen nicht verlegen: „Unsinnspoesie". Allzu freies Spiel ist unbeliebt. Der Innendruck vieler Gruppen ist oftmals höher, als nach außen nötig wäre. Nur Mitmacher werden als Mitspieler akzeptiert. Ganz wie im realen Leben stört auch beim Spiel die ungebundene Idee. Wer sich trotzdem eigene Gedanken macht oder sich zu abweichend verhält, wird schnell vom Platz gestellt. „... und raus bist du!" Die Mitmacherspieler können gegenüber Abweichlern sehr böse werden: „Spielverderber!" Aber warum so ernst? Es ist doch nur ein Spiel! Im Grunde retten die „Spielverderber" und „Spielmuffel" die Spiel-Idee. Wie Seismographen zeigen sie, auf einer Skala von „bierernst" bis „scheißegal", den Härtegrad der Spiele an. Doch wer will *diesen* Wert schon wissen? Die Angst, daß der schön reale Traum des Spiels, die überschaubare Ordnung mit kalkulierbarem Risiko, vom Chaos dieser Welt nicht mehr zu unterscheiden wäre, ist groß. Eigentore schießen, heißt auch mutig sein. In der Regel soll das Spiel nicht sein, was es sein könnte: Sinn *und* Unsinn, Regelbruch *und* Regel, sozial *und* individuell.
Der „normalen" Spielatmosphäre mangelt es an Leichtigkeit und Toleranz. Möglicherweise ist ein Spiel schwer auszuhalten mit einem „Libero", der wirklich einer ist. Im professionellen Fußball, auch dem der Amateure, steht die Systembetonung über dem freien Spiel der Kräfte. Die Fixierung auf die Weisungen des Trainers hat, besonders seit der Einführung des Fußballspielens als Beruf, eher zu- als abgenommen. Sprache ist verräterisch: Der Erfolg einer Mannschaft hänge – so der Trainerjargon – wesentlich davon ab, welches „Spielermaterial" man habe. Auch die Zuschauer akzeptieren „Spielerpersönlichkeiten", wie eigenwillige Akteure manchmal heißen, und deren „Spielwitz" nur bedingt. Fußball als System zeigt eine konservierend, regelrechte Lebensart. Heißt „Teamgeist" Verzicht auf Individualität? Was wäre z.B., wenn, auf internationaler Ebene, das Fußball-*Spielen* wieder wichtiger würde als das Nationalgefühl? Hätten Weltmeisterschaften mit Mannschaften, die nicht national besetzt sind, sondern nach Sportkriterien, keinen Reiz? „Wir" würden dann zwar nicht mehr mitspielen, um „Deutschland", „Italien" oder „Brasilien" fiebern, aber vielleicht um ein Spiel, in dem das schöne Fußballspiel gewinnt.
Eine Lockerung der fixen Regelspiele, eine Erweiterung der Spielräume, im engeren wie im übertragenen Sinn, ergibt sich nicht automatisch, sondern

setzt den erwähnten Witz und Theoriearbeit zugleich voraus. Und sicher auch das „spielerische Denken“, das Edward de Bono gegen die starre Logik setzt, die in kniffligen Situationen oft nicht weiterhilft. Vielleicht könnte auch das Versucherische von Versuchen reizen, das am Spiel nicht Wissen, sondern Neugier schätzt, Experimente. „Eduard, was machst du da? Vater, ich studiere. Eduard, das kannst du nicht. Vater, ich probiere.“

Das Fußballspiel unter dem Aspekt von Moral und Fairneß

Fußball als Erziehungsfaktor

In den zahlreichen Anleitungen und Abhandlungen, die in den letzten 30 Jahren zur Verbesserung der Fußballtaktik für Fußballtrainer und Schulpädagogen verfaßt wurden, tauchen immer wieder kleinere Kapitel auf, in denen auf die erzieherischen Funktionen des Fußballspiels verwiesen wird. Besonders in den 60er Jahren herrschte unter den Erziehern große Einigkeit darüber, daß „körperliches Können und körperlicher Einsatz in Spiel und Sport den Charakter prägen und Jungen und Mädel befähigen, die Probleme des Lebens selbst mit Erfolg ernsthaft anzupacken".[28] Basierend auf der – ebenso verbreiteten wie irrigen – Grundannahme, daß sich in einem gesunden Körper auch ein gesunder Geist entfaltet[29], ging man davon aus, den Jugendlichen, die man den Fußballsport gelehrt hatte, eine große Lebenshilfe von unschätzbarem Wert geschenkt zu haben.
W. Erbach nennt drei Gruppen von Eigenschaften, die sich durch den Fußballsport ausbilden lassen:
Zur ersten Gruppe zählt er: Mut, Begeisterung für eine Sache, Selbstbeherrschung, selbständiges Handeln, Ausdauer, Entschlossenheit.
In der zweiten Gruppe faßt er die Eigenschaften zusammen, die das Verhalten des einzelnen in seiner Gruppe charakterisieren: Freundlichkeit, Selbstlosigkeit, Großmut, Gefälligkeit, Duldsamkeit.
Die zur dritten Gruppe gehörenden Eigenschaften werden nicht näher benannt. Sie zielen aber darauf ab, daß das Verhalten der Jugendlichen gegenüber ihren Mitspielern sich auf die Gesellschaft im allgemeinen überträgt. Die Jugendlichen sollen erkennen, daß es ihre Pflicht ist, sich gegenüber der Allgemeinheit so zu verhalten, als ob es ihre Mannschaft wäre.
Den Erziehern wird dabei immer wieder aufgetragen, bei den Jugendlichen den Mannschaftsgeist zu stärken und den selbstlosen Einsatz zu fördern, da die Mannschaftstreue und das Zurückstellen des eigenen Ichs den Boden für jene Kräfte bereiten, deren die moderne Gesellschaft dringend bedürfe. Unter Bezugnahme auf die englischen Begriffe „team-spirit" und „fair-play" wird an verschiedenen Stellen hervorgehoben, daß es beim „fair-play", also der Ethik des (Fußball-)Spiels, nicht nur darum gehen könne, die Regeln bzw. die ge-

schriebenen Gesetze, einzuhalten, sondern „daß wir in allen Lagen unseres Lebens innerhalb der Gemeinschaft den geraden Weg gehen und immer anständig handeln".[30] Dieses Prinzip bedeutet in seiner Durchführung eine Verpflichtung, die uns davor bewahrt, unser Übergewicht über andere in unredlicher Weise auszunutzen, sondern immer und in allen Lagen fair zu sein.
Nach besonderen Begründungen, warum gerade das Wettkampfspiel Fußball diese Verhaltensqualifikationen befördere, sucht man vergeblich. Stattdessen muß man sich in der Regel mit dem einfachen Verweis, daß Fußball ein Mannschaftssport sei, begnügen.
Hinweise, inwiefern Mannschaftsspiele die Entwicklung von Identität und moralischem Bewußtsein fördern, finden sich bei George H. Mead bzw. in der Theorie des Symbolischen Interaktionismus.[31] Nach Mead fördert das Wettkampfspiel in einer Mannschaft die Bereitschaft, sich in die Perspektive des anderen hineinzudenken, denn der Spieler muß, um erfolgreich zu spielen, die Reaktionen und Möglichkeiten der anderen antizipieren. R. Paris, der im Fußballspiel eine außerordentlich virtuose Form der Kooperation sieht, formuliert folgendes: „Der Fußballer muß sich einfädeln in den Gesamtzusammenhang der Interaktion auf dem Spielfeld, er muß die Situation in ständig wechselnder Handlungskonstellation spontan erfassen, den Gegner ins Leere laufen lassen, eine Flanke schlagen, wo der mitgelaufene Spieler sie noch erreichen kann, er muß genau einschätzen, daß dieser in vollem Lauf den Ball zurückerhält und einschießen kann."[32]
Es ist tatsächlich so, dem Fußball liegen Elemente einer Logik zugrunde, die Kooperation und Interaktion erfordern und stimulieren.[33] Ein Fußballspiel, das den Spielern Spaß gemacht hat, ist ein Spiel, in dem es eine Reihe von gelungenen Kombinationen und interessanten Spielzügen gegeben hat. Dieser Spaß stellt sich beim Fußballspiel nur dann ein, wenn die einzelnen Spieler bereit sind, primär nicht für sich, sondern für die Mannschaft zu spielen. Eigensinnige Stürmer oder ein nicht mit zurücklaufendes Mittelfeld führen dagegen oft zu Disharmonien im Spiel.
Die von W. Erbach dem Fußballspiel zugeschriebenen sozialisierende Funktion wird zwar maßlos überschätzt, allerdings lassen sich in der Wesenslogik des Fußballspiels eine Reihe von *Ansatzpunkten* finden, mittels derer man Jugendlichen die Ideen von Fairneß, Kooperation und solidarischem Gruppenverhalten näherbringen kann.
Ein besonderes Augenmerk soll im folgenden auf jenen Aspekt des „fairplay" gelegt werden, der den Übergang von der Einhaltung der Regeln zu einem Verhalten beschreibt, das umgangssprachlich als „anständiges Handeln" gilt. Es geht dabei darum, daß Jugendliche verstehen, daß es nicht nur

um die Einhaltung der Regeln geht, sondern letztendlich um das höhere Prinzip der Gerechtigkeit. Um diesen moralphilosophischen Übergang thematisieren zu können, bieten sich Reflexionen über moralisch-ethisch relevante Sportereignisse an: Ob es nun die „Schwalbe“ von Andreas Möller ist, das „Tor“ von Helmer oder das nicht gegebene Tor im Fall von Uli Stein, alle Fälle sind auch unter dem Gesichtspunkt der Fragen „Was ist fair?“ und „Was ist Recht?“ von moralisch-rechtlicher Bedeutung.
Im Rahmen von verschiedenen Fußballseminaren an der DGB-Bundesjugendschule Oberursel wurden die umstrittenen Fälle in der Form von Rollenspielen aufgegriffen: Als Ankläger, Verteidiger und Richter eines fiktiven Sportgerichtes reflektierten die jugendlichen Seminarteilnehmer ihre Meinungen und fällten ein Urteil. Die moralpädagogische Dimension dieser Auseinandersetzungen bestand darin, Argumentations- und Lernprozesse in Gang zu setzen, die helfen sollen, zivile, demokratische und ethische Werte zu befördern. Die folgenden Arbeitsblätter mit der Fallbeschreibung wurden an die „Mitglieder des Sportgerichtes“ ausgegeben:

Eine Schwalbe, drei Fälle und das Ordennewitz-Foul
Zur Bedeutung von Fairneß und Moral

Fall 1: Die Schwalbe

Ein Bundesligaspieler (Andreas Möller) stürmt in Richtung gegnerisches Tor und nähert sich der 16-m-Linie. An der Linie trifft er auf einen Gegenspieler, den er zwar umlaufen kann, doch dabei verschlechtert sich seine strategische Position im Hinblick auf den nun erforderlichen Schuß aufs Tor. Anstatt den Torschuß auszuführen, läßt sich der Spieler plötzlich fallen und zwar so, als ob er von dem Gegenspieler zu Fall gebracht worden sei. Der Schiedsrichter pfeift: Elfmeter. Der Elfmeter wird erfolgreich ausgeführt. Es steht nun 2:1 für die Mannschaft, die den Elfmeter verwandelt hat. An diesem Spielstand ändert sich im Spiel nichts mehr.
Die Bilder im Fernsehen zeigen wenige Minuten später ganz klar, daß es sich nicht um ein Foul gehandelt hat, sondern um eine perfekte „Schwalbe“.
Die benachteiligte Mannschaft legt gegen die Entscheidung des Schiedsrichters Protest ein und fordert:
1. Bestrafung des Spielers
2. Nichtanerkennung des Tores
3. Neuansetzung und Wiederholung des Spiels

Ihr sollt nun ein Urteil fällen und dieses begründen:

Urteil:

....

....

....

Fall 2: Der Fall Helmer

Im Bundesligaspiel Bayern München gegen 1. FC Nürnberg wurde ein „Tor" von Thomas Helmer durch Schiedsrichter Osmers gegeben, das keines war. Das Spiel wurde nachträglich vom DFB annulliert und neu angesetzt.
Der Spieler Thomas Helmer wird nun vor das Sportgericht gestellt und mit folgendem Vorwurf konfrontiert: Es sei eine grobe Unsportlichkeit, nicht zuzugeben, daß der Ball nicht im Tor war.

Urteil:

....

....

....

Fall 3: Der Fall Stein/Schalke

Im Bundesligaspiel Schalke gegen Hamburger SV erzielte der Schalker Mike Büskens ein reguläres Tor, das vom Schiedsrichter Strigel nicht anerkannt wurde. Schalke 04 hat beim Sportgericht die Neuansetzung dieses Spiels beantragt. In diesem Zusammenhang wird auch Hamburgs Torhüter Uli Stein zu dem Vorwurf Stellung nehmen müssen, er hätte das Tor dem Schiedsrichter anzeigen müssen.

Urteil:

....

....

....

Fall 4: Der Fall Effenberg

Der deutsche Fußballnationalspieler Stefan Effenberg wurde nach seiner obszönen Geste (Stinkefinger gegen die eigenen Fußballfans) im WM-Spiel Deutschland : Südkorea von Bundestrainer Berti Vogts und DFB-Präsident Egidius Braun von der Nationalmannschaft suspendiert und vorzeitig nach Hause geschickt. Diese Entscheidung soll vom Sportgericht überprüft werden und zu einem endgültigen Urteil gebracht werden.

Urteil:

....

....

....

Fall 5: Das Ordennewitz-Foul

Vor ca. 3 Jahren hat ein Bundesligaspieler (Ordennewitz) absichtlich ein Foul begangen, um die zweite gelbe (gelb-rote) Karte zu bekommen. Das zwar harmlose Foul (er hatte den Ball, nachdem das Spiel durch den Schiedsrichter unterbrochen worden war, weggeschossen) hatte zur Folge, daß er vom Platz gestellt wurde. Für ihn und die Mannschaft war das insofern kein Nachteil, als das laufende Spiel schon sicher gewonnen war (es stand 2:0 in der 80. Minute). Im Hinblick auf das kommende Meisterschaftsspiel ergab sich ein großer Vorteil: Ordennewitz hätte ohne die aktuelle „rote Karte" nicht spielen dürfen, weil er in den Spielen zuvor die entsprechende Zahl gelber Karten kassiert hatte und er gemäß den geltenden Regeln hätte aussetzen müssen. Durch die „rote Karte" war er sozusagen aber wieder straffrei und hätte spielen dürfen. Nach dem Spiel gab der Trainer zu, den Spieler zu diesem Foul ermuntert zu haben.Nehmen wir mal an, du bist Richter eines Sportgerichts. Wie würdest du dieses Foul beurteilen bzw. bestrafen?

Urteil:

....

....

....

Die „Verhandlungen“ und die Besprechungen der Urteile verliefen in folgenden Arbeitsschritten:

1. Schritt: Durch Abzählen werden Gruppen mit maximal sechs Personen gebildet.
In den Gruppen formuliert jeder Teilnehmer zunächst sein persönliches Urteil. Danach findet in der Gruppe eine Besprechung statt, an deren Ende das Urteil der Gruppe steht.

2. Schritt: Die Gruppe schreibt das Urteil auf eine Wandzeitung und bestimmt ein Gruppenmitglied, welches das Urteil begründet.

3. Schritt: Alle Gruppen treffen sich wieder im Plenum. Die Wandzeitungen werden ausgehängt und die Urteile und deren Begründungen von den jeweiligen Gruppensprechern vorgetragen.

4. Schritt: Diskussion der unterschiedlichen Urteile.

Die Urteile der Jugendlichen

Daß in unserer Gesellschaft eine schleichende Demoralisation stattgefunden hat, die unter dem Stichwort „Werteverfall“ thematisiert wird, ist hinlänglich bekannt. Korruptions- und Politskandale gehören mittlerweile so selbstverständlich zum gesellschaftlichen Alltag, daß die Regel „Nimm, was du kriegen kannst“ immer offener das (un)moralische Gesamtklima prägt.
Wir müssen uns daher nicht wundern, wenn spontan gut die Hälfte der Jugendlichen eine „erfolgreiche Schwalbe“ wie folgt kommentiert: „War doch geil gemacht vom Andy. Da muß der Schiedsrichter halt besser aufpassen.“ Ein absichtliches Handspiel (Sforza, Maradona: „Es war die Hand Gottes“) wird von ihnen ebenso als „clever“ und „cool“ angesehen wie die zahlreichen geschundenen Elfmeter in der ersten und zweiten Bundesliga.
Ebenso ist es sicherlich kein Zufall, daß zunächst diese Art von Spontanurteilen zur Diskussion stehen, denn diejenigen, die solche Unsportlichkeiten positiv kommentieren, sind in der Regel auch diejenigen, die nicht lange nachzudenken brauchen, wenn es darum geht, etwas zu kommentieren. Oft dauert es eine ganze Zeit, bis sich endlich auch die Stimmen regen, die „Schwalben“ und „absichtliches Handspiel“ als „unfair“, „unsportlich“ und „unrechtens“ ansehen.

– zum Fall Helmer

„Man müßte ja blöd sein, wenn man so etwas zugeben würde.“ „Stell dir doch mal vor, was los ist, wenn du in die Umkleidekabine zurückkommst.

Was meinst du, was dir deine Mannschaftskollegen erzählen, wenn sie wegen dir dann das Spiel nicht gewonnen haben? Ich glaube, du bekommst was auf die Mütze." Einige andere wollen zwar das Spiel wiederholen lassen, eine Strafe für Thomas Helmer halten sie aber für unangebracht, da sich doch jeder so verhalten würde. Andere wollen die Fernsehkameras aus dem Stadion verbannen, denn die würden nur nachträglich für unnötige Streitereien sorgen. Was der Schiedsrichter entscheidet, soll stimmen, auch wenn es nicht richtig gewesen ist. Dann habe die eine Mannschaft halt Pech gehabt. Diejenigen, die so argumentieren, identifizieren sich grundsätzlich mit dem in der jeweiligen Situation Bevorteilten. Offenbar halten sie sich auch für „so clever", daß sie sich nur in dieser Rolle vorstellen können. Als Verlierer nachträglich um Gerechtigkeit zu streiten, erscheint ihnen offenbar als ein leidiges Unterfangen.

– zum Fall Stein/Schalke

Neben den oben bereits genannten Argumenten kommt bei diesem Fall noch hinzu, daß der Torhüter Uli Stein möglicherweise wirklich so sehr mit dem Abwehren des Balles beschäftigt war, daß ihm auch von denjenigen viel Nachsicht eingeräumt wird, die unter Umständen die Gerechtigkeit über den igenen Vorteil stellen würden.

– zum Fall Effenberg

Der Fall Effenberg, der sich nicht in die Logik der vorangestellten Fälle einpaßt, ist insofern interessant, da bei der Beurteilung seines Verhalten die sich gerade gebildeten Fronten aufbrechen. Wer bereit ist, sich und die eigene Mannschaft mit versteckten Fouls, Schwalben usw. zum Sieg zu bringen, ist nicht unbedingt bereit zu akzeptieren, daß er als Fan von einem Spieler den Stinkefinger gezeigt bekommt. Hätte Effenberg den Finger den gegnerischen Fans entgegengestreckt, so wäre das wahrscheinlich „voll in Ordnung gegangen". Ein weiteres Problem sehen einige darin, daß Effenberg die deutsche Nation in Mißkredit gebracht hat. Ausgerechnet die Anhänger der deutschen Mannschaft, die auf fremdem Territorium die deutsche Mannschaft unterstützen, werden von so einem arroganten Flegel vor den Augen der ganzen Welt beleidigt. Andere finden Effenbergs Reaktion verständlich, denn wer von den eigenen Fans ausgepfiffen wird, könne schon mal die Nerven verlieren. Einige wenige, die den DFB für einen autoritären und rechten Verband halten, schimpfen auf den Bundestrainer Vogts und den

DFB-Präsidenten Braun, die sich „wegen eines harmlosen Stinkefingers“ als die Moral- und Tugendwächter der Nation aufspielen.

– zum Ordennewitz-Foul

In der Regel spricht sich die Hälfte der Seminarteilnehmer für einen Freispruch aus, weil Ordennewitz und sein Trainer „geschickt“ die Lücke des Gesetzes bzw. der Regeln ausgenutzt hätten. Für Handlungen, für die es keine Verbote gäbe, könne auch niemand bestraft werden, lautet die Standardbegründung.
Die andere Hälfte spricht sich für Strafen zwischen 10.000 und 50.000 DM für Ordennewitz aus und will ihn für das Meisterschaftsspiel sperren. Etwa 25% wollen den Trainer bestrafen, weil er den Spieler zu einer unsportlichen Handlung animiert hat. Diejenigen, die den Trainer nicht bestrafen wollen, sind in der Regel der Meinung, daß jeder für seine Handlungen selbst verantwortlich sei.
Einige wenige finden das Verhalten von Ordennewitz zwar keineswegs rühmlich, sie wollen ihn aber nicht bestrafen, da er ja rein formell gegen keine Regel verstoßen hat. Sie sehen sogar eine gewisse Schuld bei denjenigen, die für die Regeln verantwortlich sind. Sie hätten eine Lücke übersehen, die es nun schnellstens zu schließen gelte.

Welchen Stellenwert und welche Bedeutung haben Fairneß und Moral in den Bewertungen und Urteilen der Jugendlichen?

Die Werte unserer Großväter und Großmütter (Gehorsam, Leistungs- und Opferbereitschaft, Pflichtbewußtsein, Ehrlichkeit usw.) waren an ein einfaches Gut-Böse-Schema gekoppelt. Die neuen Werte sind dagegen wesentlich komplexer und vielschichtiger und lassen oft viel Spielraum für Zweifel und Widerspruch. Es fehlt aber nicht nur an klaren Imperativen, sondern auch an einer selbstbewußt auftretenden Pädagogik und damit an moralpädagogischen Handlungsanleitungen.
Ein entscheidender Anstoß für eine Wiederbelebung der Moralpädagogik – ohne Rückgriff auf die Scheingeborgenheit autoritärer Weisungsmacht – ist die Theorie moralischen Lernens von Lawrence Kohlberg. Nach Kohlberg hat der Mensch die höchste moralische Entwicklungsstufe erreicht, wenn er Regeln und Normen nicht mehr nur deswegen einhält, weil er Angst vor Strafe oder vor dem Entzug sozialer Anerkennung hat, sondern weil er aus Überzeugung moralisch handelt. Dieser Mensch bliebe sich in seinem Han-

deln und seinen ethischen Prinzipien auch dann treu, wenn andere, sogar Mehrheiten, sich anders verhalten.
Diese Einstellung entspricht nach Kohlberg der *„Postkonventionellen Ebene"*[34]. Die *„konventionelle Moral"* bzw. Ebene[35] ist hingegen durch ein konformistisches, soziozentrisches Verhalten gekennzeichnet und folgt den gesellschaftlichen Normen und „Law and Order"-Vorstellungen. Die *„präkonventionelle Moral"*[36] wiederum hat eine egozentrische Ausrichtung. Die Argumente sind hier auf die Durchsetzung persönlicher Interessen gerichtet. Jugendliche, die Schwalben und versteckte Fouls als „clever" und „cool" bezeichnen und sich Verhaltensweisen bedienen, mittels derer sie durch das Netz der gesetzlichen Regeln schlüpfen können, würden auf der Stufenleiter Kohlbergs den Rang eines Egoisten oder eines Instrumentalisten einnehmen. Ihnen könnte man natürlich mit einem festgelegten Moralkodex gegenübertreten und sie durch erzieherische Maßnahmen zu zwingen versuchen, ihre Moral durch den neuen Moralkodex zu ersetzen. In den Seminardiskussionen geschieht etwas anderes: Aufgrund der unterschiedlichen Urteile entsteht für jedes Urteil ein Begründungszwang, dem sich die Jugendlichen mit Engagement stellen. Dieser Begründungszwang setzt einen Prozeß in Gang, der sich der Logik des Argumentierens bedient. Diese ist auch eine Logik des Entdeckens und führt oft auch zu Widersprüchen und Selbstwidersprüchen. So geraten die „Egoisten" in Erklärungsnot, weil man mit ihren Verhaltensmaximen keine Gesellschaft gestalten kann bzw. nur eine, die durch ein hohes Maß an staatlicher Kontrolle gekennzeichnet ist. Ob durch die Verwicklung in Widersprüche voneinander abweichender Normen schon eine Verhaltensänderung eingeleitet wird, ist eher unwahrscheinlich. Durch die Reflexionen von Moral und Fairneß könnte aber zumindest ein Prozeß zur Förderung moralischer Kompetenz in Gang gesetzt werden.
Die interessantesten Diskussionen entstehen in der Regel zwischen Jugendlichen, deren Moral der „Law and Order"-Vorstellung (Stufe 4) entspricht, und einigen wenigen, die auf der postkonventionellen Ebene argumentieren. Ein Jugendlicher, der für Thomas Helmer und Uli Stein harte Strafen gefordert hatte, sprach die Akteure im Fall Ordennewitz mit folgender Begründung frei: „Die Betroffenen haben nur die Regeln ausgenutzt. Dies kann man als eine Notlösung ansehen. Doch die eigentliche Schuld für diesen Vorgang liegt bei uns. Wir sollten schnellstmöglich diese Regelung beseitigen."
Der alles beherrschende Maßstab für Recht und Ordnung sind die Gesetze und beim Fußball die Fußballregeln. Daß hinter diesen Regeln eine übergeordnete Idee existiert, die abstrakt nach Gerechtigkeit im Sinne des Kantschen Imperativs strebt (in den Worten von Wilhelm Busch: „Was du nicht

willst, das man dir tu, das füg auch keinem andern zu!") war für manche an der Diskussion beteiligten Fußballfans neu. Jugendliche die im Sinne von „Law and Order" argumentieren, argumentieren häufig mit einer überdurchschnittlichen Überzeugung und Leidenschaft. Sie erheben nämlich den Anspruch, daß sie nicht nur über moralische Werte verfügen, sondern daß es sich auch lohnt, diese Werte zu verteidigen. Der Hinweis, daß ihre moralische Überzeugung nicht der höchsten Stufe von Gerechtigkeit entspreche, verunsichert sie und regt sie in hohem Maße zum Überdenken ihrer moralischen Normen und Werte an.

Fußball und Gewalt

„Direkt vor mir – so nah, daß ich fast sein Gesicht hätte berühren können – war ein junger Italiener, fast noch ein halbes Kind, zu Boden geschlagen worden. Als er aufstehen wollte, stieß ein Engländer ihn wieder um, indem er ihm die flache Hand ins Gesicht rammte. Der Junge fiel rückwärts aufs Pflaster, und der Hinterkopf hüpfte ein wenig nach dem Aufprall.
Zwei weitere United-Fans kamen hinzu. Der eine trat dem Jungen in die Rippen. Es gab ein überraschend gedämpftes Geräusch. Man hörte, wie der Schuh auf dem Stoff des Jacketts auftraf, das der Junge trug. Er bekam noch einen Tritt ab – diesmal mit voller Wucht –, und das Geräusch war immer noch leise und gedämpft. Der Junge nahm die Arme herunter, um die Rippen zu schützen, und dann trat ihm der andere Engländer ins Gesicht. Auch das gab ein gedämpftes Geräusch, aber es klang anders: man konnte hören, daß das Gesicht getroffen war und nicht der Rumpf oder ein Teil des Körpers, der durch die Kleidung geschützt war. Es knirschte. Der Junge versuchte hochzukommen und wurde wieder zu Boden gestoßen – lässig, ohne viel Kraftaufwand. Noch ein Manchester-United-Fan kam hinzu, und noch einer, und noch ein dritter. Sie waren nun zu sechst, und alle begannen auf den Jungen, der am Boden lag einzutreten. Der Junge bedeckte sein Gesicht mit den Händen. Zu meiner Überraschung konnte ich am Klang erkennen, ob ein Schuh sein Ziel verfehlt hatte oder die Finger traf und nicht Stirn oder Nase.“ (Bill Buford, Geil auf Gewalt)

Vorbemerkungen

Um Mißverständnissen vorzubeugen, sei zu Beginn darauf hingewiesen, daß hier nicht die Auffassung vertreten wird, daß sich mit dem Fußball ein besonders problematisches Gewaltpotential verknüpft. Es gibt zwar eine Reihe von Zusammenhängen zwischen Fußball und Gewalt, die Fußballfans stellen aber keineswegs ein die Gesellschaft in besonderem Maße bedrohendes Gewaltpotential dar. Dazu einige Anmerkungen aus dem Polizeipräsidium Frankfurt:[37]
Die Polizei unterscheidet Fußballzuschauer anhand von drei Kategorien:

- Friedliche Zuschauer (Kategorie A)
- Konfliktgefährdete Zuschauer – Fans (Kategorie B)
- Gewalttäter (Kategorie C)

Zur Kategorie A zählt die Polizei die weit überwiegende Mehrheit der Fußballfans. Ca. 90% der Zuschauer sind völlig friedlich.[38] Außer daß sie der Polizei für ein paar Stunden ein erhöhtes Verkehrsaufkommen, das besonders gelenkt werden muß, bescheren, werfen sie keinerlei Probleme auf.
Zur Kategorie B zählt die Polizei jene Fans, die äußerlich durch besondere Kleidung auffallen und im Fach-Jargon auch als „Kutten-Fans“ bezeichnet

werden. Bei diesen Fans überwiegt nicht das rationale Moment, sondern mehr das emotionale. In der Regel sind aber auch diese Fans, deren Zahl auf 5 bis 10% geschätzt wird, friedlich. Allerdings kann ihre vornehmlich friedliche Haltung bei besonderen Anlässen kippen. Die Polizei sieht bei diesen Fans einen sinnvollen Ansatzpunkt für sozialarbeiterisch handelnde Fan-Beauftragte und andere Formen von Sozialarbeit.

Zur Kategorie C zählt die Polizei jene Fans, deren Absichten gezielt auf gewalttätige Aktionen angelegt sind. Diese Fans sind in der Regel nicht in Fanclubs organisiert. Sie bevorzugen informelle Absprachen und Kontakte. Fans der Kategorie C zerstören die Einrichtungen von Zügen und Bussen, sie begehen Sachbeschädigungen in den Städten und plündern Raststätten. Die Hooligans sind zu dieser Kategorie zu zählen.

Die gesamte Gewalttäterszene wird in der alten Bundesrepublik auf 2.200 Personen im Alter zwischen 15 und 25 Jahren geschätzt. Eine in Frankfurt/Main für die Jahre 1982 bis 1985 durchgeführte Aktenauswertung hat ergeben, daß nur 15% von ihnen arbeitslos waren. Unter den von der Polizei festgenommenen Personen waren fast alle Berufsgruppen (von Bankangestellten und Facharbeitern bis hin zu Studenten) vertreten. Unter den Festgenommenen waren auch einige mit höherer Schulbildung, grundsätzlich dominierten aber die sogenannten Unterschichtsangehörigen.

Ferner ergab die Frankfurter Untersuchung, daß 135 Straftäter für 356 Straftaten in Frage kamen. Unter den 135 Straftätern waren wiederum 86, die bei weiteren 850 Straftaten außerhalb von Fußballspielen aufgefallen waren. Polizeidirektor Heinrich Bernhardt leitet daraus die These ab, daß es sich bei den Gewalttätern anläßlich von Fußballspielen um Wiederholungs- und Intensivtäter, im herkömmlichen Sinne also um wahrlich Kriminelle handelt. „Sie sind kaum therapierbar, wie persönliche Gespräche mit ihnen, ihre eigenen Bekundungen in einschlägigen Fan-Zeitungen („Fantreff" etc.), aber auch die 1991 stattgefundenen sogenannten „Geheimtreffen" des DFB und der Nationalmannschaft mit Hooligans zeigen."[39]
Angesichts dieser nüchternen Zahlen drängt sich die Frage auf, ob der Zusammenhang von Fußball und Gewalt in der Öffentlichkeit nicht überbewertet wird. Ferner muß gefragt werden, ob die akribische Suche vieler Wissenschaftler nach den Ursachen dieser Gewalt in den Strukturen unserer Gesellschaft überhaupt jene Erklärungsansätze hervorbringt, die das Problem lösen könnten.

Über die Gewalt im allgemeinen und die zunehmende Gewaltbereitschaft in unserer Gesellschaft

Die Jugend, aus der Sicht fortschrittlicher gesellschaftlicher Kräfte ein Hoffnungsträger für bessere Zeiten, ist zum allgemeinen gesellschaftlichen Problem geworden: politikverdrossen, unengagiert, ängstlich, egoistisch und karrierebesessen, asozial, gewalttätig und verwahrlost. Dies ist zumindest das Bild, das in öffentlichen Medien von der Jugend gezeichnet wird, m.E. etwas übertrieben, aber in der Tendenz durchaus richtig.
Im Zuge des allgemeinen Verfalls moralischer und ethischer Werte, auf allen Ebenen der Gesellschaft, kommt nun auch die Theorie des Norbert Elias von der stetigen Entwicklung der Zivilisation in die Kritik: Unter der Überschrift „Der Mensch – das ewige Tier" berichtete der Spiegel über die Thesen des konservativ gewandelten Anarchisten Hans Peter Duerr, der im dritten Band seines Buches „Obszönität und Gewalt" auch einen Beitrag zur aktuellen Gewaltdiskussion liefert. Duerr verweist dort auf umfangreiches Beweismaterial, das belegen soll, daß der von Elias beschriebene Zivilisationsprozeß ein Mythos sei. Allein die jüngere deutsche Geschichte, der Nationalsozialismus mit Krieg und systematischen Menschenmod, bietet Anlaß genug zur Relativierung der Fortschrittsthese.

Auch aktuell muß man kein keineswegs Soziologe sein, um die Beweise zu finden, die das Zivilisationsmodell der Menschheit in Frage stellen; man braucht nur das Fernsehgerät einzuschalten oder die Zeitung aufzuschlagen, um zu sehen, wie „ganz normale Männer" beispielsweise in den Kriegsgebieten des ehemaligen Jugoslawien, vergewaltigt und bestialisch gemordet haben und zu unfaßbaren Grausamkeiten fähig waren.

In seinem Buch über die englischen Hooligans, „Geil auf Gewalt", beschreibt Bill Buford einen Zwischenfall, der sich vor ca. drei Jahren in Split ereignet hat: Eine Menschenmenge, bestehend aus kroatischen Nationalisten, umringen einen Panzer, den die Armee geschickt hat. Einige Männer sind auf den Panzer geklettert, einer von ihnen hat den Panzerkommandeur am Kopf aus dem Panzer gezogen. Ein zweiter Mann versucht, das zu bekommen, was der eine in den Händen hat: den Kopf des Panzerkommandeurs. In dem Gesicht desjenigen, der auch an den Kopf herankommen will, steht nichts von Entsetzen, Angst, Wut oder Rachsucht; Bill Buford meint, es sei nur überschwengliche Freude zu sehen. Was sieht dieser Mann? Er sieht, wie dem Panzerkommandeur die Augen aus dem Kopf gedrückt werden, er sieht, wie der Mann von hinten wie eine Schlange erwürgt wird.

Bill Buford, dem ein Bild dieses Vorgangs vorliegt, beschreibt die Männer als „modisch gekleidet", mit „sauberem Haarschnitt" und mit „wohlgeformten Gesichtern"[40] – „keine wahnsinnigen Geschöpfe". Er schließt auf Beamte in gutbezahlten Stellungen, auf ganz normale Männer einer Stadt. Diese Männer sind Teil einer Masse, einer Masse, die keinen Anführer hat, einer Masse, die nicht befehligt wird, die nicht aufgewiegelt wird. Der Mann, der die Augen des Panzerkommandeurs herausdrückt, ist nur jener Teil der Masse, der den ersten Schritt tut, der eine Grenze überschreitet. „Er ist bereit zu diesem Schritt über die Schwelle – zu einer Handlung, die von der Menge hervorgebracht wurde und die ohne sie unmöglich gewesen wäre, obwohl die Menge selbst nicht – oder noch nicht – bereit ist, sich ihr anzuschließen."[41]

Was hier beschrieben wird, übersteigt wahrscheinlich das Vorstellungsvermögen eines durchschnittlichen Menschen, der, zum Glück, noch nicht in solche Ereignisse verstrickt war.

Wir sollten aber gerade deswegen zu verstehen versuchen, was dort passiert ist, weil vermutet werden muß, daß ein ähnlicher Mechanismus, eine Struktur der Gewaltbeförderung, sich auch im Umfeld von Fußballstadien ereignen kann.

Schauen wir uns zunächst an, was Bill Buford über sein erstes unmittelbares Erlebnis mit Gewalt, das er im Zusammenhang mit Fanausschreitungen in Fullham hatte, empfunden hat:

„Die Gewalt ist eines der stärksten Erlebnisse und bereitet denen, die fähig sind, sich ihr herzugeben, eine der stärksten Lustempfindungen. Dort in den Straßen von Fulham, als die Gruppe die metaphorische Schwelle überschritt, fühlte ich mich, als sei ich buchstäblich schwerelos geworden. Ich hatte die Schwerkraft hinter mir gelassen, ich war stärker als sie. Es kam mir vor, als schwebte ich über mir selbst und könnte alles wie in Zeitlupe und in einer überwältigenden Detailschärfe wahrnehmen. Später wurde mir klar, daß ich mich in einer Art Rauschzustand, einer Adrenalin-Euphorie, befunden hatte. Und zum erstenmal kann ich die Worte verstehen, mit denen sie diesen Zustand beschreiben. Daß die Gewalttätigkeit in der Masse eine Droge für sie sei. Und was ist sie für mich? Die Erfahrung absoluten Erfülltseins".[42]

Diese Beschreibung zeigt, daß Gewalt nicht nur ein Mittel sein kann, mittels dessen man gewaltsam seine egoistischen Ziele durchsetzt. Gewalt hat eine Bedeutung an sich. Sie kann anscheinend demjenigen Menschen, der sich ihr aussetzt, der sich ihr hingibt, äußerst lustvolle Gefühle bereiten. Mit Blick auf das oben beschriebene Ereignis müssen wir sogar befürchten, daß in jedem Menschen dieses Potential vorhanden ist und zur Entfaltung kommen kann, wenn seine Kontrollmechanismen außer Kraft gesetzt werden.
Norbert Elias vertritt die Auffassung, daß in Gesellschaften, in denen die soziale Kontrolle gelockert oder noch gar nicht hergestellt ist, Kriegsgetümmel zum Leben gehört wie Essen, Trinken und Schlafen: „Die Toten mit den aufgerissenen Flanken und die todbringenden Lanzen, die wiehernden Pferde, die ihren Herrn verloren haben, die Schreie: „Vorwärts" und die Hilfeschreie der Unterliegenden, das gibt selbst im literarischen Niederschlag noch einen Eindruck von der ursprünglichen Wildheit des Gefühls."[43]
Rauben, Plündern und Morden scheint nach Elias zumindest in der mittelalterlichen Gesellschaft an der Tagesordnung gewesen zu sein. Zumindest wurden diejenigen, die sich an jenen Grausamkeitsentladungen beteiligten, nicht (auf Dauer) vom gesellschaftlichen Leben ausgeschlossen. Ihre einzige Furcht bestand wohl darin, daß irgendwann ein noch Stärkerer kommt, der auch sie verstümmelt oder tötet. Elias beschreibt dieses Leben als ein leidenschaftsdurchtränktes, in dem die Menschen Auslauf zu wilden Freuden nahmen und sich den Gefühlen von Haß und Zerstörung voll hingaben. Erst durch den Prozeß der Zivilisation, so seine Theorie, werden die spontanen Wallungen gedämpft, die Affekte zurückgehalten und der Gedankenraum über den Augenblick hinaus geweitet. Er ist gekennzeichnet durch „Überlegung, Berechnung auf längere Sicht, Selbstbeherrschung, genaueste Regelung der eigenen Affekte, Kenntnis der Menschen und des gesamten Terrains".[44]
Elias weiß, daß der Zivilisationsprozeß für den Menschen nicht kostenlos zu haben ist. Der äußere Kriegsschauplatz wird nach innen verlegt, Spannungen und Leidenschaften muß der Mensch nun in sich selbst bewältigen.

Auch das schlägt Wunden. Diese befinden sich jetzt in der Psyche des Menschen und verursachen innere Unruhe und Unbefriedigtheit. Elias ist aber überzeugt, daß sich der Preis lohnt: Der Gewinn sei größer als der Verlust. Sigmund Freud schätzte die Dimensionen der menschlichen Triebmacht wesentlich mächtiger ein als Elias. Für Freud war die Triebnatur des Menschen eine mythische, archaische, asoziale Macht, die sich im dauernden Gegensatz zur Gesellschaft befindet. Freud operierte mit Begriffen wie Verdrängung, Unbewußtes, Abwehr, Symptom, Widerstand. Alles Begriffe, mit denen Elias nicht viel anzufangen wußte. Besonders aufgrund der Tatsache, daß man in den Theorien von Elias keinerlei Hinweis findet, daß eine Zivilisation jederzeit in die Barbarei zurückfallen kann, besteht Anlaß zum Zweifel an der Richtigkeit seiner Theorie.
Der Ethnologe Hans Peter Duerr geht mit Elias hart ins Gericht. Elias habe dem künstlich verfinsterten Mittelalter ein idealisiertes Bild der Gegenwart gegenübergestellt. Duerr sieht hingegen die Finsternis weniger in der Vergangenheit als in der abendländischen Zukunft.

Wie gewaltbereit ist der Fußballzuschauer der Kategorie C?

Betrachtet man die Gefühlsregungen gewaltbereiter Zuschauer, so erinnert vieles an ein Kriegsgeschehen. Von „Mach ihn nieder!" bis „Immer feste druff!" gibt es eine Fülle von Aufforderungen, die verbal vor der Vernichtung des Gegners keineswegs haltmachen.
Der gewaltbereite Zuschauer greift aktiv ins Geschehen ein, er ist der zwölfte Mann. Der „zwölfte Mann" darf zwar nicht auf den Rasen (wenn es trotzdem ein Fan schafft, dann ist er der Held des Tages), er kann aber trotzdem Einfluß nehmen. Er kann seine Mannschaft anfeuern („Sieg, Sieg, Sieg!"), einzelne Spieler durch Zurufe motivieren („Wer ist Deutschlands Nummer 1, Uli Stein!") und er kann den Gegner einschüchtern. Um dies zu tun, ist ihm anscheinend jedes verbale Mittel recht. Er kann z.B. rufen: „Was ist grün und stinkt nach Fisch? Werder Bremen." Er singt: „Ihr seid Pfälzer (gemeint ist Kaiserslautern), asoziale Pfälzer, ihr schlaft unter Brücken und in der Bahnhofsmission." Er versucht, Spieler zu verunsichern, indem er singt: „Olaf Thon ist homosexuell, homosexuell." Die Beispiele ließen sich beliebig fortsetzen. Das Repertoire ist durchaus reichhaltig.
Wer sich einmal in den „Fan-Block" begibt und dort die Sprüche und Gesänge aus nächster Nähe über sich ergehen läßt, hofft leider vergeblich, daß

es dort unter den Zuschauern einen Hauch von Selbstverständnis gibt, das sagt: „Das ist doch nur Spaß hier, wir lassen heute mal die Sau raus und sind dann wieder ganz normale, zivilisierte Menschen!“

Diese reflektierte Distanz existiert nicht. Das Verhalten jener kleinen Zahl von Zuschauern hat nichts Leichtes. Es ist dumpf und in hohem Maße ritualisiert. Es scheint so, als wüßte niemand so richtig, was er eigentlich tut, und jeder von außen Kommende, der das Treiben kritisch hinterfragt, sollte sich in acht nehmen. Denn wer diesen Zuschauern ihr Verhalten als Spiegel vorhält, nötigt sie, sich mit ihrem seltsamen Treiben zu beschäftigen. Einen Zuschauer, der gerade einen gegnerischen Spieler oder Fan beleidigt hat, damit zu konfrontieren, daß er doch wohl auch nicht so behandelt werden wolle, verlangt von ihm, sich in die Lage eines anderen zu versetzen. Aus der Perspektive eines anderen auf sich zu schauen, ist für einen fanatischen Fan kaum vorstellbar, denn der andere ist schließlich der Gegner.

Menschen, die nicht bereit oder in der Lage sind, wenigstens zeitweise die Perspektive eines anderen einzunehmen, handeln oft asozial und egoistisch. Bill Buford beschreibt in seinem Buch „Geil auf Gewalt“, wie die englischen Fußballfans mit Bussen in Turin eintreffen. Sie schmeißen mit Dosen aus den Fenstern, brüllen die Fußgänger an, zeigen ihre Fäuste, strecken ihre Ärsche aus dem Fenster und pinkeln aus dem Bus. Kurzum, er beschreibt eine Horde Barbaren, die in Turin einfällt.

Eine Zeitlang passiert nichts. Schließlich bekommt ein junger Italiener eine Dose ab und nun passiert etwas: Der junge Italiener beantwortet Gleiches mit Gleichem. Er schmeißt einen Stein.
Bill Buford, der auch im Bus sitzt, beschreibt die Reaktion der Insassen. Sie sind geschockt: „Diese Schweine", ruft einer, „die schmeißen mit Steinen in die Fenster". Jedem Businsassen ist in diesem Moment klar, daß ein steineschmeißender Italiener ein ganz übles Subjekt ist.
Ihre Reaktion: Sie werfen mit allem, was greifbar ist, auf umherstehende Passanten und schreien „Ihr Schweine!". Das Bewußtsein jener Fußballhooligans ist in diesem Moment gleich Null!
Für auf solche Weise gewaltbereite Fans sind in jedem großen Stadion besondere Räume geschaffen worden. Es sind eingezäunte Territorien, die je nach Gefährlichkeit der Fans, von der Polizei umstellt und gut bewacht werden. Der Abstand zu den gegnerischen Fans ist meist so groß wie möglich gewählt. Manche Soziologen sprechen von einem fahrenden Käfig, in dem die Fans von ihrem Heimatort per Zug oder Flugzeug bis ins gegnerische Stadion gelangen und von dort wieder in das Fahrzeug geleitet werden, in dem sie die Heimreise antreten.
Die Gewalt, die von diesen Fans ausgeht, hat viele Formen. Es ist in erster Linie eine verbale Aggression (Sprechchöre und Gesänge, in denen die Gegner beleidigt werden), gepaart mit symbolischer Gewalt (Abbrennen von

gegnerischen Vereinsfahnen, Hochrecken der geballten Faust, Kriegsbemalung und Kostümierung). Je nach Situation kann diese Gewalt aber auch die symbolische Ebene verlassen und handgreiflich werden. Gewalt gegen Sachen, wie Zerstörungen, Vandalismus und Plünderungen ist die eine Seite, Gewalt gegen Personen die andere. Bei den Zuschauern im Fanblock ist die symbolische Gewalt die Normalität, die Gewalt gegen Sachen und Personen ist eher die Ausnahme.

Die Hooligans

Wenn in Deutschland von Hooligans die Rede ist, dann meint man eine ganz besondere Gruppe von Fußballfans, die sich in vielen Dingen von dem normalen Fan unterscheiden.
Der Hooligan ist nicht an seiner Kleidung erkennbar, und man findet ihn auch nicht im Fanblock, wo einmal seine Biographie als Fußballfan begann. Der Hooligan ist männlich, jugendlich oder mitunter auch ein wenig älter. Seine Herkunft beschränkt sich nicht auf ein besonderes Milieu. Er ist im Gegensatz zum normalen Fan nicht unterprivilegiert und gehört in der Regel keiner festen Fan- oder Clubstruktur an.
Die Hooliganszene ist eine lockere Gruppierung, die aber gleichzeitig über Strukturen verfügt, innerhalb derer diverse Scharmützel mit den gegnerischen Hools inszeniert werden. Austragungsorte sind nicht die Stadien, da diese mittlerweile viel zu gut von der Polizei bewacht sind. Die Randale findet zum Teil an vorher verabredeten Plätzen statt, an denen die Polizei immer ein paar Minuten zu spät kommt.
Merkmale der Hooligans sind:

- **Elitebildung**: man grenzt sich vom durchschnittlichen „Fußballpöbel“ ab
- **kommerzielle Symbole:** man trägt die Kleidung von Nobelfirmen
- die ausgeübte Gewalt ist die eines **intelligenten Gesellschaftsspiels**
- **Enttraditionalisierung:** man löst sich vom eigenen Verein und von der traditionellen Anhänglichkeit
- der Hooliganismus ist eine **moderne Form von Kampfspielen** mit besonderem „Kick“.

Dieser „Kick“, der oft nur wenige Minuten dauert, unterliegt partiell einer Reihe von informellen Regeln. Zu diesen Regeln gehört es, den Gegner nicht zu vernichten, ihn nicht lebensgefährlich zu verletzen, ja es gehört sogar dazu, einen gefallenen Gegner wieder aufzuheben. Auf einem unserer Fußballseminare berichtete ein Hooligan: „Ich hab in Bochum eine abgekriegt, da kam der nächste Bochumer von hinten und hob mich auf, gab mir einen Klaps und meinte: „Auf, komm Junge, weiter gehts!" Die Paralle zu vielen Fouls auf dem Rasen ist offenkundig. (s. nachfolgende Diskussion) Gleichzeitig hat man bei diesen Kämpfen doch ein gerüttelt Maß an Angst, da man nie sicher sein kann, daß alles so harmlos abläuft, wie man es sich wünscht. Interessanterweise hofft man sogar auf die Polizei, die nämlich dann einschreiten soll, wenn die selbstinszenierte Gewalt außer Kontrolle gerät und lebensbedrohlich wird.

Hooligans, Fußballfans und Polizisten diskutieren gemeinsam das Thema: Fußball und Gewalt

Das im folgenden, nur leicht gekürzt wiedergegebene Gespräch fand im Rahmen der Oberurseler Fußballseminare im Haus der Gewerkschaftsjugend statt. Es diskutierten dabei Hooligans und Polizei, aber auch die „normalen" und die „echten" Fußballfans.

Herr Frankenbach, Stadionpolizist: Herr Frankenbach beschreibt zunächst seine Erfahrungen als Stadionpolizist. Anfangs sei er noch wütend gewesen, mittlerweile belächle er die Krawallmacher. *„Es ist schon zum Weinen, vor allem wenn es 30jährige sind."* Manche würden sich wie die Kinder benehmen, dann sei es eher zum Lachen. Aus beruflicher Sicht versucht er, auch diese Fans ernstzunehmen. Dies gelänge ihm aber nicht immer. Angst habe er eigentlich keine; sein Herz schlage aber manchmal etwas schneller.

Alex, Hooligan, befragt nach dem, was ihn so antreibt und was in ihm so abgeht: *„Ein Leben, ohne daß was abgeht, kann sich wohl keiner vorstellen."* Er hält die Hooligangeschichte für eine Form der Freizeitbeschäftigung mit Abenteuercharakter. Aus der Geschichte wachse man raus. Das Ganze sei *„ein Spiel neben dem Fußballspiel"*.

Herr Schütte, Einsatzleiter: „Ist ja gut, daß man das weiß, da kann man ja den Knüppel zu Hause lassen."

Alex, Hooligan: *„Für das Abenteuerspiel neben dem Fußballspiel gibt es ja auch eine Tabelle; und da will man ja auch einen guten Platz einnehmen."*

Rüdiger, Polizeibeamter und Fußballfan: Es gäbe *dates*, die zwischen diesen Gruppen schon vorher verabredet würden. Er will „wirklich wissen", wieso das gemacht wird.

Alex, Hooligan: „*Ganz einfach. Es ist spontan nicht möglich, weil die Polizei immer besser aufpaßt.*“

Rüdiger, Polizeibeamter und Fußballfan: glaubt, daß es ohne Polizei Schwerverletzte und sogar Tote geben würde. Er habe gesehen, wie Hools aufeinander eingetreten hätten, wobei man das Schlimmste befürchten mußte.

Alex, Hooligan: meint darauf, er finde es gut, daß die Polizei ein bißchen darauf achte, was für Waffen die Gegner dabei hätten. „*Zumindest wenn man in der Nähe der Stadien ist, kann man dann davon ausgehen, daß keine Pistolen, Baseballschläger usw. dabei sind.*“ „*Da muß man der Polizei ein Dankeschön sagen.*“ Einige Seminarteilnehmer lachen.

Fedor Weise, Fan-Projekt Frankfurt: wird gefragt, wie man als Projektarbeiter zwischen den Parteien den Job angeht. Er sagt, zumindest sei die Gewaltproblematik in Frankfurt nicht so dramatisch. Während der letzten 38 Spiele habe es in Frankfurt laut Innenministerium nur 4 mal geknallt, seines Wissens nach sogar nur 2 mal. Äußerst unangenehm sei es in Schweden bei dem „Hollandspiel“ gewesen. Schlägereien bis zur angesprochenen Todesgefahr gehörten keinesfalls zum Bundesligaalltag. In den Stadien gehe es in der Regel eher friedlich zu. Diejenigen, die sich prügeln sind eigentlich nur ganz wenige, ein paar Heißsporne. „*Der Alex hier neben mir ist keinesfalls ein potentieller Mörder.*“

Andreas, Fußballfan aus Bremen:„*Ich finde das kein richtiges Bild, denn wer Leuchtraketen ins Publikum schießt, ist für mich ein potentieller Mörder.*“

Alex, Hooligan: „*Das muß man differenziert sehen; in Italien ist das z.B. erlaubt.*“

Fedor, Fan-Projekt Frankfurt: „*Ich glaube, da sind wir uns schnell einig, daß wir das alle ablehnen.*“

Ein Seminarteilnehmer, der sich als Hool definiert: „*So was machen auch die Kutten, nicht unbedingt die Hools. Bei uns in Braunschweig gab es deswegen zwei Schwerverletzte, eine Frau und ein Kind.*“

Fußballfan, Polizeibeamter: (ironisch) findet es gut, daß die Frankfurter Hools so friedlich sind, woanders habe er schon schlimmste Sachen erlebt, z.B. hätten Hools Steine durch die Fenster der S-Bahn geworfen.

Rüdiger, Polizeibeamter und Fußballfan:„*Bei uns in Braunschweig kommt es regelmäßig zu Schlägereien wenn die „Herta-Fans“ kommen. Da kann man die Uhr nach stellen.*“

Einsatzleiter Schütte wird nach den polizeilichen, strategischen Überlegungen vor einem Fußballspiel gefragt.

Herr Schütte: *Es gäbe ein bundesweites Informationssystem und entsprechende Beamte, die die Szene kennen.*
Er kommt dann vom Thema ab und hält ein Kurzreferat zur Rechtsphilosophie: Schlägereien untereinander seien keine Spielereien, sondern Körperverletzung. Diese seien nichts Lapidares, sondern ein Angriff auf die Unverletzlichkeit des Körpers. Er weist darauf hin, daß der Schutz des Eigentums bei uns juristisch höher eingestuft wird als die körperliche Unversehrtheit. Er halte das nicht für richtig. Schlägereien seien für ihn nicht tolerierbar. Ebenso sei das Jacke-wegnehmen auch keine Kleinigkeit, sondern schlicht und einfach Raub.
Auf die eigentliche Frage zurückkommend meint er noch, daß die Polizei offensiv auftrete und sich zeige, um die Fans in Schach zu halten.

Fußballfan: sieht keine Körperverletzung bei Schlägereien vorliegen. Alle wollten sie ja schließlich.

Herr Schütte: „*Es stellt sich aber die Frage, ob die Gesellschaft diese Gewalt akzeptiert.*" *Seiner Meinung nach habe sich die Gewaltbereitschaft nicht nur im Zusammenhang mit dem Fußball erhöht, sondern generell.*

Fußballfan, Polizist: weist auf den Tatbestand des Landfriedensbruchs hin, der bei Randale auch gegeben sei.

Alex: „*Landfriedensbruch kann es schon sein, wenn man zu laut hustet.*"

Herr Schütte: „*Landfriedensbruch ist etwas sehr Kompliziertes, da müssen mehrere Faktoren zusammenspielen.*"

Fußballfan, Polizist: „*Alex, warum geht ihr nicht in einen Boxverein oder Karateverein? Da habt ihr einen Schiedsrichter und könnt euch voll austoben.*"

Alex: „*Das ist eine ganz andere Geschichte. Wir Hools schlagen uns ja kaum, wir rennen nur rum. Nur ganz vorne geht es ab und zu mal patsch, patsch.*"

Fußballfan, Polizist: „*Das glaube ich euch nicht. Ich kenne es nur als wilde Schlägereien und mit Steinewerfen. Es hat zwar auch nur eine Minute gedauert, aber wer in dieser Minute einen Stein gegen den Kopf gekriegt hat, der hat dann Pech gehabt.*"

Fedor zu Herrn Schütte: „*Das Konzept 'wir stehen den Leuten auf den Füßen' finde ich unglücklich.*"

Fußball sei eine Männerwelt, wo sich Fans und Fanclubs auf fremdem Terrain behaupten müssen. Man fährt in das gegnerische Stadion und muß sich dort verhalten, man muß sich durchsetzen, man muß seine Anhänger schützen, und man muß auch mit der Polizei umgehen. Nicht zufällig sind aus ehemaligen Fanpräsidenten öffentlich angesehene Personen geworden.
„Daß wir heute so ausdifferenzierte und kleine Gruppen haben, ist ein besonderes Phänomen, das es nur in Deutschland gibt. Die Hooligans als besondere, abgespaltene Gruppe gibt es nur in Deutschland. Nicht zuletzt produziert die Polizei diese Abspaltungen, indem sie alles total regulieren und kontrollieren will. Die Polizei soll schon Kontrolle ausüben, aber nicht total. Es muß auch einen Raum für die Jugendlichen geben, den sie selbst regulieren können. Es sind ja junge Leute, die noch nach ihrer Rolle in der Gesellschaft suchen."

Andreas, Fußballfan: *„Das ist totaler Unsinn. Bei uns war mal keine Polizei, da gab es gleich Verletzte. Erst als die Polizei reingegangen ist, war dann Ruhe."*

Fußballfan/Polizist: *„Ich find das zum Kotzen, daß wir uns mit sowas abgeben müssen, das ist doch gar nicht unsere Aufgabe. Die Kollegen müssen oft Hunderte von Kilometern fahren, um sich dann mit diesen Chaoten abzugeben, was anderes sind sie nicht für mich."*

Alex: *„Und dann gibt es die Übergriffe durch die Polizei."*

Polizist zu Fedor: *„Wenn man da die Polizei abziehen würde, na dann müssen Sie ein ganz schön breites Kreuz haben, wenn Sie die Verantwortung für das übernehmen wollen, was da passieren kann."*

Rüdiger, Referent der Gewerkschaft der Polizei, (GdP): *(bezieht sich zunächst auf den Film, den Fans über sich selbst gedreht haben und der im Seminar, vor der Podiumsdiskussion, gezeigt wurde)*
„Ich komme aus der Stadt, wo dieser recht nette Film gedreht wurde, das war nämlich ein blanker Witzfilm. In 1988 und 1989 wurden allein in NRW 240.000 Stunden Einsatz bei Erst- und Zweitligaspielen geleistet. Die Kollegen, die da Dienst tun, fehlen dann natürlich woanders."
Rüdiger steht während des Spiels in Karlsruhe im Fanblock und hat mehr Herzschläge als die Spieler, die da unten dem Ball nachjagen. Er und seine Kollegen haben Angst, und deswegen kommt es auch zu Übergriffen, um die Angst irgendwie in den Griff zu kriegen. „Das aber, und das ist unsere Kritik als Gewerkschafter, interessiert auch niemand, weder unseren Dienst-

herrn noch den Veranstalter, der eine Menge Kohle macht mit der ganzen Angelegenheit.
Was passiert, wenn man keine, zu wenig oder keine kompetente Polizei zur Stelle hat, haben wir in Göteborg gesehen. Da wurden Kinderwagen mit Inhalt durch die Gegend geschmissen.
Bei normalen Veranstaltungen schauen wir, daß die Leute mit Bussen und Autos da richtig hinkommen, und der Rest ist dann die Sache des Veranstalters.
Die Sozialarbeiter in dem Film gab's nur für kurze Zeit und zwar nur mit einer 1/3-Stelle. Mittlerweile gibt es die nicht mehr."
„Was heißt es nun, wenn es knallt? Wenn z.B. jemand zwei Tage vor dem Spiel einen Baseballschläger vergräbt, um damit jemanden vor dem Spiel eins über die Rübe zu hauen und es dann auch macht, dann zählt doch das schon lange nicht mehr."

Teilnehmer: *„Geknallt hat es erst, wenn 10 bis 15 auf andere losgehen. Dann kommt die Presse, und dann kommt es auch groß raus. Mit einem gewissen Maß an Körperverletzung haben wir uns doch längst abgefunden."*

Polizeibeamter, Fußballfan: findet, daß die Polizei ins Stadion gehört. Wenn man die Polizei gezielt einsetzen würde, bräuchte man auch nicht die vielen Stunden.

Hooligan, Fußballfan: *„Ich will noch mal was zum bengalischen Feuer sagen. Ich finde, es gibt keinen Grund, das nicht zu erlauben. In Italien ist es schon immer erlaubt, und da ist die Stimmung beim Fußball wie bei einem Volksfest. Das Gleiche in Dortmund oder in Kaiserslautern."*

Rüdiger (GdP): *„Das ist nicht das Problem der Polizei, das ist doch das Problem des Veranstalters."*

Herr Frankenbach, Stadionpolizist: *„Na, das ist schon ein Problem der Polizei. Wenn jemand die Fackel vor Freude in die Luft wirft und die dann mit 1500 Grad jemand auf die Jacke fliegt, das hinterläßt schon Spuren."*

Rüdiger, Polizist und Fußballfan: will den Veranstalter mehr in die Verantwortung miteinbeziehen.

Rüdiger (GdP): stimmt ihm zu und verweist darauf, daß bei einem Open-Air-Konzert der „Toten Hosen" dem Veranstalter Auflagen gemacht werden, die seiner Meinung nach dann wieder völlig übertrieben sind. Nach den Auflagen bei einem KSC-Spiel würde er dagegen immer noch suchen, obwohl dies auch eine öffentliche Veranstaltung sei. „Warum z.B. muß die Polizei

Taschenkontrollen machen? Du kommst dir wie ein Blöder dabei vor, mußt jeden abfisseln. Den Leuten die Bierdose wegzunehmen, ist doch nicht unsere Aufgabe.“ Und: „Jetzt noch zur Hooldatei. Die nützt mir nichts, wenn ich im Block stehe. Was wir jeden Samstag machen, ist Bullenjogging. Die Hools rennen voraus und wir rennen hinterher.“

Herr Schütte, Einsatzleiter: *„Wir sind ja ein bißchen vom Thema weg. Die Klagen, die jetzt hier formuliert werden, sind nicht mehr ganz so berechtigt. Es gibt eine Reihe von Auflagen, die wir dem Veranstalter machen. Was die Ordner betrifft, so sind die Vereine gar nicht mehr in der Lage, selbst diese Anforderungen zu erfüllen. Sie müssen private Firmen beauftragen, die ihnen dann die Ordner zur Verfügung stellen.*
Mich würde vielmehr noch mal das Thema interessieren, warum man sich nach einem Fußballspiel unbedingt schlagen muß.“

Fedor, Fanprojekt: *„Ich möchte mich auch zu diesem Thema äußern, aber vorher noch eine Sache sagen: Der Verein ist m.E. nicht nur in dem Punkt ‘wie schule ich meine Ordner’ in die Pflicht zu nehmen, sondern es ist auch zu fragen, was macht er für eine Vereinspolitik?*
Wenn ich mir vorstelle, daß junge Fans, die für den Verein durch dick und dünn gehen, die zu Auswärtsspielen fahren, die mit dem Verein leiden usw., dann aber so eine Geschichte wie mit dem Andreas Möller erleben, muß man befürchten, daß dies die Identität von Jugendlichen beschädigt. Wenn ein Verein nur noch wie ein Großunternehmen geführt wird, wenn nur noch Sieg oder Niederlage zusammengerechnet wird, dann beschädigt das wirklich die Identifikation von Leuten, und das kann dann letzten Endes auch ein Ursache von Gewalt sein.
Was mich interessieren wurde ist, Alex, ob es so was wie einen „Hooliganmythos“ gibt. Meines Erachtens gibt es sowas. Ich will mal ein Ereignis beschreiben: In der letzten Saison sind die Hamburger Hooligans vor euren Block gekommen und haben dort, der Bewertung nach mutig, die Frankfurter Szene aufgemischt und sind dann sofort wieder verschwunden. Also auswärts auf fremdem Terrain.“

Zwischenruf: *„Ist ’ne starke Leistung.“*

Alex: *„Da waren noch nicht genug von uns da.“*

Fedor: *„Also mir kam es so vor: Die Hamburger Hooligans gehen vor den Frankfurter G-Block und hinterlassen dort ihre Duftmarke. Also in so einem Fall kann sich die Polizei weitestgehend zurückhalten. Sie sollte es aber beobachten, und unter Umständen sollte sie auch eingreifen.“*

Alex: „*Also die Hamburger waren da schon in der Übermacht, weil von uns noch kaum jemand da war.*"

Herr Schütte: „*Also, die Hamburger waren da schon in der Übermacht.*"

Fedor: „*Gibt es denn in Frankfurt einen Hooliganmythos?*"

Alex: „*Also ich würd' mal sagen, den gibt es in Frankfurt wie in jeder anderen Stadt. Wenn man mit den Frankfurtern, also mit der eigenen Gruppe, unterwegs ist, dann weiß man, was man zu tun hat. Wenn aber ein Länderspiel ist und da die unterschiedlichsten Leute zusammen sind, dann passieren oft unkontrollierte Sachen. Wenn erst mal eine Schaufensterscheibe einfliegt und sich der ganze Troß in Bewegung setzt, dann fliegt auch bestimmt noch die nächste.*"

Polizist, Fußballfan: „*Also ihr stellt ja das Hooligansein beinahe als eine ehrenwerte Sache dar, die dann durch die Presse interessant gemacht wird.*"

Alex: „*Ist ja auch interessant. Was denkst du, wie viele Leute mich an der Uni fragen, ob sie mal mitkommen dürfen. Die sind dann manchmal ein bißchen enttäuscht, daß es nicht ganz so hart abgeht, wie es in der Presse dargestellt wird, aber interessanter als an der Uni ist es allemal.*"

Polizist, Fußballfan: „*Aber das ist doch keine ehrenwerte Sache, es werden doch Steine geschmissen.*"

Alex: „*Sicherlich werden Steine geschmissen.*"

Polizist, Fußballfan: „*Ja aber das erzeugt doch Angst in der Öffentlichkeit.*"

Alex: „*Ja wenn ein Vater mit dem Sohn in das Stadion geht und der sieht das, ja das ist vielleicht nicht das Schönste.*"

Polizist, Fußballfan: „*Das ist nicht nur nicht 'das Schönste', es ist ein ganz schönes Problem, das beeinträchtigt die Leute ja auch. Ich bin keiner von denen, die sagen 'du bist der letzte Arsch', das ist ja auch für euch...*"

Alex: „*Ja, es ist auch superschwer mit der ganzen Sache wieder aufzuhören. Ich bin ja im Moment auch ein bißchen dabei aufzuhören, aber dann denkst du, ach am Samstag wird da und da gespielt, da mußt du noch mal hinfahren.* (Einige Teilnehmer lachen zustimmend.) *Und das Gruppending ist auch so eine Sache, man ist mit der Frankfurter Gruppe verbunden, und wenn man hört, ach die sind da gerannt gegen die, ja dann ist man im Herzen tief getroffen.*"

Polizist, Fußballfan: „*Ich will noch was zu Göteborg sagen. Das waren meist superjunge Leute, die dann irgendwelche Läden eingeschmissen haben, absolut sinnlose Taten, ein Damenoberbekleidungsgeschäft, was will man da?*"

Alex: „*Für die Freundin wahrscheinlich. Also in Mailand hab ich das auch erlebt. Also erst war es total langweilig, bei dem Jugoslawienspiel, und dann ...*"

Polizist, Fußballfan: „*Da will ich was zu sagen. Also auf dem Domplatz saßen 2.000 Hooligans, von der schlimmsten Sorte, also C ohne Ende* (viele lachen, auch Herr Schütte), *und es wurde nichts geboten.*"

Herr Schütte: „*Ja, das ist die Aufgabe von Soziologen. Ja was mache ich denn mit den Kerlen, damit die ihre Abenteuerlust befriedigen können?*"

Alex: „*Das haben wir doch dann gemacht.*"

Herr Schütte: „*Nein, etwas kultivierter.*"

Polizist, Fußballfan: „*Also, das als Abenteuerspiele anzusehen, ist in meinen Augen eine totale Verharmlosung. Ich kann das einfach nicht verstehen. Ich möchte noch mal den Alex fragen, wie er dazu kommt, vorsätzlich einen anderen Menschen zu verletzen.*"

Alex: „*Es geht nicht darum, eine bestimmte Person körperlich zu verletzen, sondern besser als die andere Hooligangruppe zu sein, und da kann es mal zu einer Schlägerei kommen.*"

Polizist, Fußballfan: „*Das ist ja noch schlimmer. Also so Motive wie Haß könnte ich ja noch verstehen, aber ...*"

Alex: „*Ich würde es rein sportlich sehen.*"

Polizist, Fußballfan: „*Das ist ja nicht sportlich. Sportlich ist, wenn du in einen Verein gehst und dort deine Aggressionen abreagierst, du hast auch nicht das Recht, beim Sport jemanden zu verletzen.*"

Hooligan, Fußballfan: „*Ich wollt' dich noch mal fragen: Ja was denkst du dir denn so als Programm? Bei einem Länderspiel haben sie Fahnen und Rasseln verteilt. Da kommst du dir doch blöd vor. Soll ich den ganzen Tag rasseln oder was?*" (Lachen)

Angesprochener Polizist: „*Ich hab ja nicht rasseln vorgeschlagen. Aber man muß den Fans doch was liefern, ich meine ein Alternativprogramm.*"

Moderator: „*Dazu kann vielleicht Anjo was sagen, er ist ja Sprecher von sehr vielen Fußballfans.*“

Anjo: „*Ich will eine provokante These aufstellen. Wer behauptet eigentlich, daß es in den letzten Jahren so furchtbar viel schlimmer geworden ist? Was hat sich schon verändert, als daß die Leute nur ein paar neue Formen der Darstellung gewählt haben. In einem Fußballstadion ist man doch sicherer als in den meisten deutschen Innenstädten. Ich behaupte, daß es nicht schlimmer geworden ist. Niemand kann nachweisen, daß es heute mehr Verletzte gibt, daß es heute mehr Ausschreitungen gibt, daß es heute mehr Festnahmen gibt, oder sonst irgendwas. Es hat sich einfach nur die Sichtweise geändert. Durch die Medien wird einfach was transportiert, ein böser Bube, das sind die Fußballfans. Seit fünf Jahren gibt es eine Diskussion über die Hooligans und seitdem hat sich an der Sache absolut nichts geändert.*“

Rüdiger (GdP): „*Wenn ich zu einem sogenannten Treffen der Hools nach dem Spiel hingehe, dann muß ich doch damit rechnen, daß ich fürchterlich eine aufs Maul kriege. A tuts weh, und B kann eine Menge zurückbleiben. Daß ein Auge fehlt, damit muß man ja rechnen. Ja und das mit 23 Jahren. Also ich krieg Schweißausbrüche, wenn ich die Uniform anziehe und ich wieder zum KSC muß. Vielleicht kriege ich ein paar aufs Maul und bin 2. Sieger.*“

Alex: „*Die Polizei ist eigentlich nie zweiter Sieger.*“

Rüdiger (GdP): „*Wie kommt man eigentlich mit dem Gedanken klar, ich könnte einen Baseballschläger auf den Kopf kriegen und dann hab ich einen mittelprächtigen Dachschaden?*“

Anjo: „*Ich hab noch keinen Karlsruher mit Baseballschläger im Stadion rumlaufen sehen. Ihr hängt euch an ein paar Situationen auf, die mal im Fernsehen zu sehen waren.*“

Rüdiger: „*Ich will wissen, wie ein Hool mit diesem von mir genannten Gedanken umgeht, das will ich wissen, ich will was über die Einstellung erfahren.*“

Hooligan, Fußballfan: „*Ich will was sagen. Ich fahr seit zig Jahren zum Fußball und hab noch nie erlebt, daß einer mit der Fahrradkette auf mich zukommt oder mit dem Baseballschläger.*“

Alex: „*Fahrradkette war so 70er Jahre.*“

Hooligan/Fußballfan: „*Ich kenn es nur so, daß es mehr ins Faire rübergeht. Ich hab in Bochum eine abgekriegt, da kam der nächste Bochumer von hin-*

ten, hob mich auf und meinte: „Auf, komm Junge, weiter gehts!“ (Lautes Lachen) *Ja wirklich, der erste tritt mir eine und der zweite hebt mich auf.“*

Rüdiger: *„Ja und wenn du mit dem Kopf auf einen Stein fliegst, das kann passieren, dann hast du einen Riß in der Schädeldecke.“*

Alex: *„Paß nachher auf, wenn du die Treppe hinuntergehst, die ist auch ein bißchen eng.“* (Lautes Lachen)

Rüdiger: *„Also ist das für Euch das gleiche wie das tägliche Leben.“*

Alex: *„Auf der Autobahn und im Straßenverkehr gehe ich auch ein Risiko ein.“*

Hooligan: *„Flugzeugabsturz.“*

Anjo: *„Geht zur Normalität zurück! Kein Fußballer will dem anderen die Karriere zerstören.“*

Fedor: *„Es ist bestimmt so wie in dem Film: Manager machen Survivaltraining, andere machen Bungeespringen oder sonstwas. In unserer Gesellschaft ist es sicher schwierig, Reizgrenzen noch auszuloten. Im Fernsehen erlebt man die totale Reizüberflutung, aber authentische Einzelerlebnisse oder ein Abenteuer zu erleben, ist in dieser Gesellschaft wirklich nicht einfach. Dafür gibt es mittlerweile immer verrücktere Sachen, unter anderem auch das Hooliganphänomen. Das Besondere an den Hooligans, die ich nicht verharmlosen wollte und will, ist das, daß sie die Legalität überschreiten. Körperverletzung ist, wie Herr Schütte schon sagte, nicht legal. Ich will nicht verharmlosen, ich stell mir nur die Frage: Wo kommt das her?“*

Anjo: *„Aber Fedor, das hat es doch schon immer gegeben. Das einzig Neue ist, daß es seit fünf Jahren ein spezielles Wort dafür gibt.“*

Polizist: *„Ich bin nicht bereit, das so hinzunehmen. Ich vermisse hier von beinahe allen eine klare Distanzierung von der Gewalt, die es ja mittlerweile in allen gesellschaftlichen Bereichen verstärkt gibt. Und noch mal zu dem Kribbeln. Wenn jemand das verspürt, dann soll er sich einen gleichwertigen Boxer suchen und meinetwegen 3 Runden mit ihm boxen. Diesen Reiz kann man sich auch anders holen. Die Gewalt da draußen kann man nicht mit mangelnden Reizen entschuldigen. Die Frage ist: Was sind das für Leute, haben die überhaupt ein demokratisches Verständnis? Sind das nicht auch Leute, die unseren Staat bedrohen?*

Anderer Polizist: *„Du hast eine genaue Vorstellung, wie ein Mensch zu sein hat. Aber, es gibt unterschiedliche Menschen mit verschiedenen Problemen, und die wollen und müssen ihre Probleme auch auf verschiede Weise lösen.*

Du hast halt andere Hobbys, bei denen für einen Hool kein Kribbeln aufkommt. Du bist aber nicht der Herr aller Dinge, der sagen kann: Die anderen sind alle Chaoten, die alles falsch machen.“

Polizist: „*Es geht mir nicht darum, anderen eine Meinung aufzudrücken. Mir geht es nur um das Thema Gewalt. Mir geht es darum, wer das Gewaltmonopol hat und wer Gewalt ausüben darf. Darf es der Familienvater gegenüber dem Kind, die Chaoten gegenüber anderen Chaoten oder Autonome gegenüber Polizisten? Darum geht es mir.*“

Anderer Polizist: „*Du sagst nur 'der Chaot', für dich ist das ein Gegenpart; du versuchst gar nicht, da ranzu kommen. Du bist Polizeibeamter, du mußt auch versuchen, auf sie einzugehen! Du kannst auf der Straße keine vernünftige Entscheidung treffen, wenn du sagst 'ich hasse dich'.*“

Fußballfan: „*Wodurch qualifizierst du dich denn, dadurch daß du boxen gehst?*“

Moderator: „*Alex, was veranlaßt dich dazu, die Gewalt, die hier viele ablehnen, geradezu zu kultivieren?*“

Alex: „*Kultivieren tun wir sie nicht, Gewalt hat Tradition. Als ich als Picco ins Stadion gegangen bin, hat es schon geknallt. Die Polizei ist auch schon immer dagegengegangen. Mit den Jahren wurde dann die Kleidung gewechselt, es kam die Bomberjacke, dann die Jogginganzüge, dann später ganz normale Klamotten, die nicht auffallen. Man fällt zwar immer noch auf, weil man in einer großen Gruppe rumläuft, aber es hat sich irgendwie nichts geändert, und wir versuchen auch, nichts zu kultivieren. Es gibt manchmal ein Problem mit der Polizei, wenn z.B. die Ex-Boxer da aus der Provinz antreten und sich nicht einsichtig zeigen und auch schon mit Aggressionen ins Stadion kommen, weil wer in einem Verein zum Boxen geht, der will ja auch sein Kribbeln erleben, aber das hat er auch, wenn er mit einem Chaot oder Raudi, wie Sie sagen, boxt.*“

Polizist: „*Gute Provokation.*“

Alex: „*Wie bitte?* (Lachen in der Runde) *Aber bitte nicht aufstehen und mich hauen!*“ (Lautes Lachen)

Polizist: „*Du wärst ja auch gar nicht meine Gewichtsklasse.*“

Alex: „*Aber ich habe einen Leuchtstift einstecken, den würde ich dir ins Gesicht schießen, weil es schlimme Verletzungen gibt. Das war jetzt aber nur, wie soll ich sagen, ein bißchen satirisch.*“

Rüdiger/Fußballfan: *„Ich meine, daß ihr alles ein bißchen verharmlost. Meines Erachtens hat die Gewalt zugenommen, insbesondere bei jungen Leuten. Früher wurde auch bei Demonstrationen ein bißchen geschubst, bei einer Kirmes oder im Stadion wurde sich auch immer ein bißchen gepufft, aber ich bin der Meinung, die Gewaltbereitschaft hat in den letzten Jahren zugenommen."*

Alex: *„Also ich würd mal so sagen, auf der Straße hat die Gewaltbereitschaft zugenommen, wenn man ausgeht in die Diskothek, Kneipe und so, da hat es zugenommen, aber im Stadion, also da eher nicht."*

Anjo: *„Also das stimmt. Wenn man sich Statistiken anguckt, hat es außerhalb der Stadien stark zugenommen, aber innerhalb nicht. Hier sitzen ja eine Reihe von Polizeibeamten und keiner von ihnen ist aufgesprungen und hat gesagt: Anjo, das stimmt nicht, die Gewalt im Stadion hat zugenommen. Und die Randale, die es früher gegeben hat, die hat es auch nicht deswegen gegeben, weil man zu viel Bier getrunken hat, sondern weil Eintracht Braunschweig gegen Hannover 96 gespielt hat oder gegen Hertha BSC, deswegen hat es geknallt. Du willst mir doch nicht erzählen, daß die Leute gerade dann einen über den Durst getrunken haben, wenn Hertha BSC kam. Und wenn die Hertha nach Braunschweig kam, dann hat es immer geknallt, seit 15 Jahren und damals härter als heute. Nur heute kommt es im Fernsehen, und es steht in den Medien, und deshalb bewertest du es anders."*

Hooligan: *„Mich hat jetzt was ganz sauer gestimmt. Wenn ich nämlich immer den Begriff „Chaoten" höre. Ich will ja nicht abstreiten, daß bei uns beim Fußball eine gewisse Aggression gegen die Polizei vorhanden ist, also eine gewisse Aggression ist da auf jeden Fall. Aber wenn man als Polizist schon mit dieser Einstellung, 'alles Chaoten', ins Stadion kommt, dann soll sich aber keiner wundern, wenn die Aggression noch steigt. Also ich habe mich hier abends privat mit dem Matthias (Polizist) unterhalten, also das war total Spitze, wir haben uns total sachlich über alles unterhalten, aber wenn ein Polizist mit der Einstellung in das Stadion geht, die er hier vertritt, dann soll er sich nicht wundern, wenn immer mehr Ausschreitungen gegen die Polizei geschehen. Wenn ich hier schon als Chaot bezeichnet werde, werde ich total sauer, wenn ich den Begriff nur höre."*

Polizist: *„Also wir leben in einer Demokratie, und in der letzten Zeit gibt es immer mehr Gruppen, die Gewalt ausüben und die versuchen, an den demokratischen Fundamenten rumzusäbeln und diese zu unterhöhlen, und dann gibt es auch noch Leute, die wahrscheinlich ohne eine politische Richtung* *agieren. Ich weiß z.B. nicht, was Alex für eine Einstellung zum Staat hat, ist ja auch seine Sache, er läßt das auch nicht raus, er tarnt sich ja als Fußballfan, aber die Gewalt kommt, sie wird bewußt provoziert. Es wird bewußt provoziert, daß mehr Polizei ins Stadion kommt, und es wird auch bewußt provoziert, daß Polizisten Gewalt ausüben, weil es dazu dient, an diesem demokratischen Fundament zu sägen.* (Heftige Reaktionen, viele reden gleichzeitig, kaum zu verstehen.) *Ich möchte den Alex aber nun mal direkt fragen, was er für ein Verhältnis zum Staat hat."*

Fußballfan (sein erster Diskussionsbeitrag): *„Also solange die Hools dich nicht angreifen, brauchst du dich doch gar nicht aufregen, das ist doch ihr Sport. Du hast deinen Sport, das Boxen, und die haben ihren Sport."*

Polizist: *„Also ich glaube, du verstehst das nicht. Es geht um das Gewaltmonopol. Wer hat hier das Recht, jemanden zu verprügeln?"*

Hooligan: *„Ich geh doch nicht mit dem Ziel da rein, irgendwelche Unbeteiligte zu verletzen. Also paß auf, ein Beispiel: Ich fahr da jetzt auf der Straße, mach einen Unfall, dann bin ich dran Schuld, und einer hat sich verletzt dabei. Bin ich dann auch ein Chaot? Ich mein, ich will das nicht, und ich will das auch nicht beim Fußball."*

Bettina: *„Aber du willst doch andere verletzen."*

Hooligan: *„Aber doch nur die, die das wollen, nur die, die nichts dagegen haben. Und wenn ich eine kriege, dann renn ich auch nicht zur Polizei und will den anzeigen. Genauso wenn ich mich in der Disco schlage, dann würde ich nie jemand anzeigen, weil ich schließlich die Sache selber will."*

Bettina: *„Also ihr habt jetzt die ganze Zeit erzählt, die Gewalt habe sich nicht verändert, es gab immer schon Gewalt, ist ja okay. Aber das, was ich in der letzten Zeit erlebt und gehört habe, ist, daß nicht mehr fair geboxt wird, sondern daß man zu ziemlich gefährlichen Waffen greift. Ich habe gestern was von einem Soziologen gelesen, der meint, daß dadurch, daß die Polizei die Fans trennt und die sich nicht mehr boxen können, man nun zu sogenannten Distanzwaffen greift."*

Herr Frankenbach, Stadionpolizist: *„Also wenn ich mir noch mal den Titel des Seminars anschaue, „Fußball als Spiegel gesellschaftlicher Verhältnisse", dann kann ich nur sagen: Ja. Ich bin zwar kein Soziologe, aber ich bin jemand, der vom Alter her etwas über dem Durchschnitt liegt, und ich bin auch schon, als ich noch nicht Polizist war, ins Stadion gegangen. Ich kenne das Stadion schon, als es noch keine Spielfeldumzäunung hatte. Es gab* *eine kleine Hecke, die war aber so klein, daß jeder Zuschauer, wenn er wollte, die Hecke überschreiten konnte, um aufs Spielfeld zu laufen. Das hat aber keiner gemacht. Nach dem Spiel sind wir dann aufs Spielfeld gelaufen und haben einem Spieler, den wir angehimmelt haben, auf die Schulter geklopft und haben uns gefreut. Jetzt will ich mal einen Sprung machen und fragen 'Was sind das heut für Leute?' Der Alex hier neben mir, der steht vom Intellekt her ja mehrere Stufen höher."*

Fedor, Fan-Projekt: *„Die Jugendlichen sind heute viel konsumbewußter, sehr viel erlebnisorientierter als früher, wo Pflicht und Ordnung eine viel größere Rolle gespielt haben, und dazu gehört auch die Bereitschaft, Gewalt auszuüben. Das Ausleben von Gefühlen geschieht heute viel freizügiger, als das früher war. Was aber auf dem Fußballfeld der große Einschnitt war, war ja 1985 die Tragödie im Heisel-Stadion in Brüssel. Was dort passiert ist, war sicher ganz furchtbar, und man muß fragen: 'Warum konnte das passieren, was früher nicht passiert ist?' Ich denke, da hängt unheimlich viel dran: Erstensmal war es ein Ort, wo keine Mannschaft zu Hause war, es war ein Ort, wo beide Fangruppen Fremde waren. Wichtig ist aber dort auch gewesen, daß die Polizei zu spät eingegriffen hat. Meine politische Kritik an der Polizei ist aber die, daß es einen Zustand gibt, wo sich die Fans auf die Polizei verlassen. Die Fans wissen, die Polizei ist der Schiedsrichter und sie ist so Schiedsrichter, daß man sich darauf verläßt. An einem Ort, wo sie dann mal nicht ist, wie im Heisel-Stadion, da gibt es dann so eine Katastrophe. Man kann zwar sagen, wir müssen denen immer auf den Füßen stehen, aber dann hat man eine Situation, wo die Leute den Schiedsrichter brauchen. Also es muß darum gehen, wieder Konzepte zu entwickeln, wo die Fans wieder eigene tragfähige Strukturen entwickeln."*

Polizist: *„Wir betrachten hier immer nur die Hoolszene, die haben aber feste Begriffe, die treten sich und heben sich auch wieder auf, es gibt Tritte, aber keine Waffen. In gewisser Weise ist der Hool ein fairer Kämpfer und nicht der Inbegriff des Bösen. Es gibt sicherlich ein paar Schlimme darunter, aber ich denke, man muß mit ihnen auch reden. Die Eskalation der Gewalt gibt es in anderen gesellschaftlichen Bereichen ebenso wie beim Fußball."*

Anjo: „Also ich denk, daß das, was der Fedor eben gesagt hat, daß diese Räume, die die Fans brauchen, ziemlich wichtig sind. Wer sich z.B. mit dem englischen Fußball beschäftigt hat oder mal ein englisches Spiel besucht hat, der hat erlebt, daß er nur einen einzigen Parkplatz benutzen darf, nur einen einzigen Weg gehen darf, durch eine einzige Kasse und nur in einen

einzigen Block gehen darf. Man darf nicht links noch rechts gehen, sich kein Bier holen, es geht einfach weiter, ob Fan oder Hooligan. England ist das Negativbeispiel, was Fußball und Gewalt angeht, man hat dort sogar mal einen Zaun unter Strom gesetzt.
In Brüssel kommen dann diese Leute an, und am Bahnhof ist keine Polizei, am Stadion ist keine Polizei, für die Eintrittskarten interessiert sich auch niemand, und das Ganze ist grenzenlos, im wahrsten Sinne des Wortes. Die Grenzen mußte man sich dann suchen, um sie zu erfahren.
Man hat sich auch in Deutschland an die Polizei gewöhnt. Wenn ich nächste Woche nach Köln fahre und keine Polizei sehen würde, dann würde ich ja auch denken, hier stimmt doch was nicht. Deswegen muß ich dem Fedor zustimmen, wenn er sagt, das Konzept, den Fans immer auf den Füßen zu stehen, kann auf Dauer nicht das richtige sein.
Zweitens möchte ich noch auf eine Untersuchung hinweisen, die in Hannover durchgeführt wurde. Sie hat gezeigt, daß nach den Ereignissen in Brüssel wesentlich häufiger negativ über die Fußballfans in den Medien berichtet wurde."

Herr Schütte: *„Ich möchte mal fragen, ob irgend jemand hier etwas von den Vorfällen beim letzten Spiel in Frankfurt gelesen hat.* (Keiner hatte was gelesen). *Seht ihr, die Zeitung schreibt nichts mehr. Die Zeitungen machen das Thema tot. Wir haben nämlich angeordnet, daß die Presse darüber nichts mehr schreibt."*

Einige Stellen der Diskussion sind der besonderen Betrachtung wert: Zu Beginn formuliert Herr Frankenbach seine Betroffenheit angesichts seiner Erfahrungen als Stadionpolizist: Er sei erst wütend gewesen, mittlerweile belächle er aber die Krawallmacher, obwohl ihr Tun eigentlich zum Weinen sei. Danach erklärt Alex die ganze Angelegenheit zum harmlosen Spiel mit Abenteuercharakter, es sei ein Spiel neben dem Fußballspiel. Gewalt gegen Sachen und auch gegen Menschen soll, seiner Meinung nach, eine Freizeitbeschäftigung sein. Dem Hinweis eines Polizisten, daß es bei dieser Freizeitbeschäftigung Tote und Schwerverletzte gäbe, begegnet er mit einem zynischen Dankeschön an die Polizei, die nämlich darauf achte, „was für Waffen die Gegner dabei haben". Alex hat mit dieser zynischen Antwort zweierlei bewirkt: Erstens ist er auf die Frage gar nicht wirklich eingegangen, und zweitens hat er noch, indem er die Polizei zum Hilfsdiener dieser fragwürdigen Form der Freizeitbeschäftigung degradiert, die Lacher auf seiner Seite. Auf diese Frechheit reagiert Herr Schütte mit rein sachlichen Ausführungen über den Tatbestand der Körperverletzung, der ja in der Tat keine Spielerei

ist. Ein Polizist bringt zusätzlich noch den Tatbestand des Landfriedensbruchs ins Spiel, den Alex mit dem Hinweis abtut, daß zu lautes Husten auch Landfriedensbruch sein könne. Auf den Tatbestand der Körperverletzung geht Alex nicht ein.
Nun nimmt die Diskussion eine geradezu groteske Wendung: Nicht mehr Alex, der Krawall zur Freizeitbeschäftigung erklärt hat, muß sich verteidigen, sondern die Polizei. Fedor Weise, der Leiter des Frankfurter Fußballfanprojekts, kritisiert nun die Strategie der Polizei, die seines Erachtens zu viel Kontrolle ausüben würde. Es müsse stattdessen mehr Raum für die Jugendlichen geben, den sie selbst regulieren können.
Ein Polizist, der sich auch als Fußballfan versteht, hält dies für „totalen Unsinn" und formuliert es auch so. Ein weiterer Polizist äußert in diesem Zusammenhang seinen Unmut: „Ich find es zum Kotzen, daß (...) wir uns mit diesen Chaoten abgeben müssen." Der Polizist führt an, daß er oft am Wochenende Hunderte von Kilometern fährt – und wozu? Etwa um bei der Freizeitbeschäftigung der Hooligans dafür zu sorgen, daß die Gegner nicht die falschen Waffen dabei haben?
Alex greift geschickt diese emotionale Unmutsäußerung auf und erklärt die Polizisten zu Subjekten der Aggression: „Und dann gibt es die Übergriffe durch die Polizei."
Alle weiteren Argumente gegen die Gewalt und ihre Folgen halten Alex nicht davon ab, das Hooligandasein als interessant und sogar ehrenwert darzustellen. In der darauf folgenden Diskussionspassage, die an dieser Stelle nochmals ungekürzt wiedergegeben wird,

Polizist: *„Aber das ist doch keine ehrenwerte Sache, es werden doch Steine geschmissen."*

Alex: *„Sicherlich werden Steine geschmissen."*

Polizist: *„Ja aber das erzeugt doch Angst in der Öffentlichkeit."*

Alex: *„Ja wenn ein Vater mit dem Sohn in das Stadion geht und der sieht das, ja das ist vielleicht nicht das Schönste."*

Polizist: *„Das ist nicht nur nicht „das Schönste", es ist ein ganz schönes Problem, das beeinträchtigt die Leute ...",*

wird m.E. ein Dilemma deutlich, das unser Verhältnis zu Jugendlichen, die gewaltbereit sind und auch Gewalt ausüben, kennzeichnet. Bei Alex handelt es sich um einen Jugendlichen, der zu argumentieren versteht und schon etwas älter ist. Er weiß insofern ganz genau, daß und wann er ein gesellschaftliches Tabu und elementare Rechtsnormen der Gesellschaft verletzt. Gleichzeitig weiß er aber auch, daß diese Gesellschaft jugendlichen Rechts- und Tabubrechern ein großes Maß an Toleranz, Verständnis und mitunter sogar etwas Bewunderung entgegenbringt. Mit dieser Tatsache weiß er geschickt zu spielen, indem er zuweilen mit der Gewalt kokettiert, um sie an anderen Stellen auch wieder zu verharmlosen („es ist nicht das Schönste"; aber vielleicht das Zweitschönste?). Mit dieser Taktik bestreitet er die gesamte Diskussion. Selbst mit Provokationen („Aber ich habe einen Leuchtstift einstecken, den würde ich dir ins Gesicht schießen, weil es schlimme Verletzungen gibt. Das war jetzt aber nur, wie soll ich sagen, ein bißchen satirisch.") bleibt er sozusagen gesellschaftsfähig in der Diskussionsrunde der Teilnehmer. Als Zuschauer diverser Talkshows im Fernsehen wissen wir, daß man mit solchen Äußerungen auch noch vor einem größeren Publikum gesellschaftsfähig bleibt. In die Ecke gedrängt werden oft diejenigen, die sich über diese Art von süffisanten Provokationen ärgern und sich gegen solche Aussagen zur Wehr setzen. So ergeht es in der Diskussion auch jenem Polizisten, der sich als einer der wenigen konsequent gegen die Gewalt in der Fußballszene ausspricht. Er steht nun da als jemand, der kein Verständnis hat für „das Kribbeln der Hools" und als einer „der Herr aller Dinge sein will" (wie ein anderer Polizist meint), und alle anderen als „Chaoten" betrachte, „die alles falsch machen".

Die Ansprüche und Wünsche, die die Hooligans an die Polizei haben, bringt dann ein Teilnehmer, der sich offen als Hooligan im Seminar vorstellte, wie folgt auf den Punkt: Gewisse Aggressionen gegen die Polizei sind vorhanden, trotzdem soll sich die Polizei nicht unterstehen, mit der falschen Einstellung ins Stadion zu kommen, nämlich zu denken, die Hooligans wären etwa alle Chaoten. Wenn er nämlich als Chaot beschimpft wird, dann wird er „total sauer", und dann soll sich die Polizei nicht wundern, wenn es zu Ausschreitungen kommt. Im übrigen gäbe es die Eskalation der Gewalt in anderen gesellschaftlichen Bereichen doch auch.

Was regen wir uns also auf? Wenn nur die Polizei mit der richtigen Einstellung ins Stadion kommt und die Waffen der Gegner artig kontrolliert, dann ist doch alles gar nicht so schlimm, oder?

Die inszenierten Kampfspiele der Hooligans und die unreflektierte symbolische Gewalt der jugendlichen Fußballfans sind Beispiele für die zunehmende Gewaltbereitschaft vieler Jugendlicher. In zahlreichen Untersuchungen haben Soziologen und Psychologen die Hintergründe dieser Gewaltbereitschaft von Jugendlichen beschrieben. Polizeidirektor Heinrich Bernhardt stellt dazu provokant fest, daß „die Suche nach der Ursache oder den Ursachen uns kaum weitergebracht hat. (...) Überhöhte Erwartungen sollten nicht mehr gehegt, neue Untersuchungsaufträge nur noch ganz gezielt vergeben werden.“[45] Ist die Situation wirklich so aussichtslos? Das folgende Zitat von Bill Buford, der mit den folgenden Worten die heutige Kultur der Jugendlichen beschreibt: „eine aufgeblasene Männlichkeitsmoral, einen bis zur Peinlichkeit übersteigerten Patriotismus, einen gewalttätigen Nationalismus und einen Katalog bankrotter antisozialer Gepflogenheiten. Diese gelangweilte, hohle, dekadente Generation ist nur noch, was sie zu sein scheint: eine männliche Jugendkultur ohne Geheimnis, so abgestumpft, daß sie Gewalt benutzt, um sich wachzurütteln. Sie sticht sich ins Fleisch, um etwas zu spüren; sie versengt sich die Haut, um etwas zu riechen“[46] klingt wie eine endgültige Abrechnung und Abkehr von der derzeitigen Jugendgeneration.

Bekenntnis eines Polizisten

Im Rahmen einer Arbeitsgruppe saßen ein paar Fußballfans und einige Polizisten zusammen und sprachen über Gewalt und Fußball. Vor uns ein Blatt Papier mit dem bereits erwähnten Zitat von Bill Buford über sein erstes Gewalterlebnis und der Aussage eines Hooligans über seine Gefühle während einer Randale:

Bill Buford: *Die Gewalt ist eines der stärksten Erlebnisse und bereitet denen, die fähig sind, sich ihr herzugeben, eine der stärksten Lustempfindungen. Dort in den Straßen von Fulham, als die Gruppe die metaphorische Schwelle überschritt, fühlte ich mich, als sei ich buchstäblich schwerelos geworden. Ich hatte die Schwerkraft hinter mir gelassen, ich war stärker als sie. Es kam mir vor, als schwebte ich über mir selbst und könnte alles wie in Zeitlupe und in einer überwältigenden Detailschärfe wahrnehmen. Später wurde mir klar, daß ich mich in einer Art Rauschzustand, einer Adrenalin-Euphorie, befunden hatte. Und zum erstenmal kann ich die Worte verstehen, mit denen sie diesen Zustand beschreiben. Daß die Gewalttätigkeit in der Masse eine Droge für sie sei.*
Und was ist sie für mich? Die Erfahrung absoluten Erfülltseins.

Ein Hooligan: „*Wenn du natürlich jetzt mit so ‘nem Übermob antobst und dann eben alles niedermachst, also das schönste Gefühl ist das eigentlich ... Dann fliegen vielleicht ‘n paar Flaschen oder Steine. Und dann rennt der andere Mob, und dann jagst du die anderen durch die Gegend. Also: sie-*

benter Himmel. Das würdest du mit keiner Frau schaffen oder mit keiner Droge. Dieses Gefühl, das ist schön."

Einer der Polizisten, ein sehr aufgeschlossener und sozialer Mensch, fragte, ob er mal kurz das Tonband, das zur Zeit mitlief, ausmachen könne. Seine Frage bedurfte keiner weiteren Erklärungen. Allen war klar, daß er etwas zu sagen hatte, das ihm unter Umständen Probleme bereiten könnte. Gleichzeitig schien er ein ungeheueres Bedürfnis zu haben, etwas auszusprechen, und so ging er selbst zum Tonband und schaltete es aus. Zurück auf seinem Platz, erzählte er sichtlich erregt, daß er das beschriebene Gefühl sehr gut kenne. Vor jedem Einsatz hätte er es. Es sei anfangs noch eine Mischung aus Angst und Lust, dann aber, wenn es losgehe, sei es pure Lust, ein unbeschreibliches Gefühl, irgendwie so wie es im Text beschrieben sei. Ja, absolutes Erfülltsein. Er hätte noch nie mit jemandem darüber gesprochen, jetzt aber, wo er das so lese, da hätte er es unbedingt aussprechen müssen.
Als er mit seinen Ausführungen am Ende war, stand er auf und schaltete das Tonband wieder an.
In der Arbeitsgruppe herrschte nach seinem Beitrag eine gespenstische Stille.
Das war nicht der Bericht eines randaleverliebten Hooligans, der mittels Gewalt und anschließender glorifizierender Erzählungen sein Ego aufpeppt, sondern das war ein aufrichtiger von Selbstzweifeln und Schuldgefühlen beherrschter Bericht, der deutlich macht, wie dünn die zivilisatorische Hemmschwelle auch bei jenen Menschen ist, die qua Beruf in besonderer Weise mit den Gewaltpotentialen im Menschen konfrontiert werden.
Ganz gleich zu welcher Theorie bzw. Analyse man neigt: Ob man im Menschen den ständig zu zähmenden Gegner der Zivilisation sieht, wie es Freud und Duerr tun, oder ob man eher das harmonische Modell der Zivilisation, wie es Norbert Elias entwickelt hat, bevorzugt: Die Vorstellung an einer Auflösung innerer Kontrollmechanismen ist unerträglich und in bezug auf die generelle Thematisierung von Gewalt kann das Ziel nur darin bestehen, Menschen davon zu überzeugen, daß wir das Gewaltverbot in uns aufnehmen und dauerhaft in Gesellschaft und Kultur verankern.

Frauenfußball

Frau Koch-Emsermann (Extrainerin und -managerin des FSV-Frankfurt, Herausgeberin der Frauenfußballzeitung „dieda“) im (Streit-)Gespräch mit männlichen Fußballfans

Frau Koch-Emsermann war als Referentin zum Fußballseminar der DGB-Bundesjugendschule Oberursel eingeladen. Hier zunächst die gekürzte, inhaltliche Wiedergabe ihres Referats:
Nachdem 1970 der DFB den Frauenfußball erlaubt hat, hat Frau Koch-Emsermann, allen Vorurteilen zum Trotz, mit dem Fußballspielen begonnen. Anfangs wurde die „Mann“schaft, in der sie spielte, noch von einem Mann trainiert, doch bald entschloß sich die Frauenmannschaft, den männlichen Trainer durch eine Trainerin zu ersetzen. Die Wahl fiel auf Frau Koch-Emsermann.
Als erste Frau in der Bundesrepublik schaffte sie gegen alle Unbilden (in der hessischen Sportschule in Grünberg gab es damals z.B. keine einzige Damentoilette) die B-Lizenz. Das Hauptproblem war aber nicht die fehlende Damentoilette, sondern die mangelnde Akzeptanz durch die männlichen Fußballer, der Frau Koch-Emsermann auf allen Ebenen begegnete.
Mittlerweile ist der Frauenfußball mit 528.000 gemeldeten Frauen der Damen(Mann)schaftssport Nr.1, etwa doppelt so viel wie beispielsweise beim Volley- oder Handball. Ein durchschnittliches Frauenbundesligaspiel schauen sich zwischen 500 und 1.000 Zuschauer/innen an, zu einem Spitzenspiel kommen auch manchmal um die 7.000 Zuschauer/innen. Einem Teilnehmer, der sich über die Zahlen lustig machte, stellte Frau Koch-Emsermann die Frage, ob er selbst in einer Mannschaft spiele? Da der Teilnehmer die Frage mit Ja beantwortete, fragte Frau Koch-Emsermann nach, wie viele Zuschauer seine Mannschaft habe. 150 pro Spiel. Jetzt lachte das ganze Seminar. Gleichzeitig gab Frau Koch-Emsermann aber dem Teilnehmer zu verstehen, daß die Zuschauerzahl doch wohl keineswegs ein Kriterium sei, nach dem der Wert einer Sportart zu bemessen sei. Frauen würden, was die Technik und die Taktik anbelangt, hervorragend Fußball spielen, Frauen seien eigentlich prädestiniert zur Kleinkoordination, was sich auch beim Umgang mit dem Ball deutlich zeige. Frauen gehen mit dem Ball ästhetischer um als die Männer.

Bezüglich der Zuschauer hat es der Frauenfußball besonders schwer; die Frauen müssen sich eine ganz neue Zuschauerszene schaffen, weil sie nicht auf ein gewachsenes Umfeld und eine tradierte Szene zurückgreifen können. Unter den Zuschauern sind sogar hauptsächlich Männer, da die Frauen nach ihrer aktiven Zeit nur noch zu einem ganz geringen Prozentsatz weiterhin zu den Spielen gehen. Da geringe Zuschauerzahlen auch geringe Einnahmen bedeuten, sind die finanziellen Möglichkeiten des Frauenfußballs dementsprechend bescheiden. Während ein Oberligatrainer bei den Männern zwischen 5.000 und 10.000 DM im Monat verdient, bekommt eine Bundesligatrainerin bei den Frauen zwischen 500 und 1.000 DM im Monat. Eine Bundesligaspielerin verdient zwischen 50 und 500 DM. Das ist noch nicht annähernd so viel wie das, was ein drittklassiger Fußballer in der Oberliga bekommt.
Finanziell etwas bessere Angebote lagen einigen Fußballerinnen vom FSV Frankfurt einmal von seiten des „Playboy"-Magazins vor. Der Playboy wollte ein paar Frauen ins Bild setzen, die aktiv im Leben stehen und die zu ihrem Körper stehen. Eine der Frauen hätte das Angebot auch annehmen wollen, doch als der Playboy nur 5.000 DM zahlen wollte, lehnte die Frau das Angebot ab. Anscheinend hat der Playboy gedacht, diese Fußball-Frauen seien so blöd, sich für 5.000 DM ablichten zu lassen.

Frau Koch-Emsermann: *„Das mit dem Playboy erwähne ich auch deshalb, weil es landauf landab das Vorurteil gibt, daß Frauen, die Fußball spielen, nicht attraktiv sind. Es gibt im Frauenfußball eine Reihe sehr schöner und starker Frauen. Stark nicht im Sinne von körperlich stark, sondern im Sinne von selbstbewußt. Damit haben oft die Männer große Probleme. Frauen, die einen Freund haben, der ein Star ist, haben damit wenig Probleme und sind oft damit hochzufrieden. Aber ich kenne nur wenige Männer, die kein Problem damit haben, der Freund oder Mann einer Frau zu sein, die ein Star ist."*

Fußballfan: „Ja, ist das denn schlimm?"

Frau K.-E.: *„Ja, ich finde es schlimm, daß Frauen nicht stark sein dürfen oder populär und daß die Männer Probleme haben, damit umzugehen. Diese Frauen finden oft keinen Freund, der dies akzeptiert."*

Fußballfan: „Da hätte ich kein Problem."

Frau K.-E.: *„Na dann stell dir mal vor, deine Freundin hätte ständig Fototermine und viele öffentliche Auftritte, bei denen du immer hinten dran stehst. Du bist der Freund, und ansonsten bist du Null. Könntest du das akzeptieren?"*

Fußballfan: „Also ich weiß, was ich drauf habe, das macht mir nichts aus."

Frau K.-E.: *„Das ist ja toll."*

Anderer Fußballfan: „Ich glaube, wir machen uns hier was vor. Wenn wirklich die Frau der Star ist, dann können es zwar einige Männer schaffen danebenzustehen, aber die meisten wohl eher nicht."

Frau K.-E.: *„Es ist statistisch erwiesen, daß die Frauen, die Erfolg im Sport haben, mit ihren Männern Probleme haben, weil die das nicht akzeptieren können.*
Von den Statuten her muß der Frauenfußball die gleichen Auflagen erfüllen wie der Männerfußball, das führt oft dazu, daß die Bundesliga der Frauen in Stadien spielen muß, die in der Regel viel zu groß sind. Ebenso werden die Eintrittspreise durch den DFB vorgegeben. Sie liegen zwischen 8 DM (Stehplätze) und 25 DM (Tribünenplatz) und im Schnitt bei etwa 10 DM."
Als Ziel formulierte Frau Koch-Emsermann, nicht die Massen anzulocken, sondern den Frauenfußball so populär und salonfähig zu machen, daß er gesellschaftlich anerkannt ist. Das heißt z.B.: Wenn ein Vater eine Tochter hat, die gut Fußball spielt, dann soll er sie zum Fußballverein schicken können, ohne zu fürchten, daß das die Nachbarn komisch oder abwegig finden.

Ein Fußballfan will wissen, wie sich die Frauenfußballerinnen in der Bundesliga rekrutieren.

Frau K.-E.: *„Also, die Mädchen, die in der Bundesliga spielen, haben alle schon mit sechs oder sieben Jahren angefangen, Fußball zu spielen. Auffallend ist dabei, daß die besten Spielerinnen die sind, die in jungen Jahren in Bubenmannschaften gespielt haben. Der FSV-Frankfurt z.B. hat drei Mädchenmannschaften, aus denen etwa 50% der Frauen rekrutiert werden. Mit den Mädchenmannschaften gibt es aber noch viele Probleme. Zum einen gibt es noch nicht genügend Vereine mit Mädchenmannschaften, zum anderen sind die Leistungsunterschiede sehr groß. Die Mädchenmannschaft vom FSV-Frankfurt gewinnt beispielsweise jedes Spiel mit zum Teil über 30 geschossenen Toren. Das Problem liegt unter anderem auch darin, daß die Mädchen im Schulsport eher vom Fußballspielen abgehalten werden, anstatt sie auch da zu fördern."*

Fußballfan: „Können Frauen annähernd so fest schießen wie die Männer?"

Frau K.-E.: *„Also die Frauen können so wuchtig schießen, daß Ihnen das Hemd wegfliegt.* (Lautes Lachen) *Frauen haben wenig Probleme, die Beinmuskulatur auszuprägen, da die Frauen ja auch den aufrechten Gang ha-*

ben. Bei den Armen ist es etwas schwieriger. Außerdem ist ein fester Schuß nicht nur eine Sache der Kraft, sondern auch der Technik. Die Frauen haben einen Schuß, da fliegen Ihnen die Fingerspitzen weg; trotzdem, die Frauen machen lieber ein raffiniertes Tor als ein Tor durch einen Gewaltschuß.
Frauen spielen auch individualistischer Fußball als die Männer. Bei den Buben ist es doch so, daß die Zuschauer schon bei den ganz Kleinen rufen: 'Fummel nicht!' Dabei ist doch das Fummeln genau das, was Spaß macht, wo man doch eigentlich die Technik erlernt. Das Fummeln wird den kleinen Jungen regelrecht abtrainiert, während den Mädchen eher dieser Spaß gelassen wird."[47]

Fußballfan: „Schimpfen und schreien sich die Frauen eigentlich während des Spiels genauso an wie die Männer?"

Frau K.-E.: „*Das ist eine sehr interessante Frage, weil das nämlich sehr unterschieden ist von den Männern. Also Frauen, die sich im Spiel beschimpfen, schauen sich nach dem Spiel wochenlang – und manchmal noch viel länger – nicht mehr an. Es ist ein ganz tiefer Einschnitt in die Psyche, wenn beispielsweise eine Frau zur anderen sagt: 'Du Rindvieh, warum gibst du den Ball nicht ab?' Bei den Männern schreit man sich erst an, und kurze Zeit später ist alles vergessen.*
Was es bei den Frauen nicht gibt, ist, daß man obszön oder rassistisch angegangen wird, also das kommt nicht vor. Die Art der Beschimpfung ist auch frauenspezifisch. Man sagt zum Beispiel: 'Was ist denn das für eine hysterische Kuh?' Ich glaube Männer würden niemals fragen: 'Was ist das für ein hysterischer Ochse?'"

Fußballfan: „Warum spielen die Frauen nur 2 mal 40 Minuten? Da werden die Frauen doch als Weicheier dargestellt, die keine 45 Minuten durchhalten."

Frau K.-E.: „*Also international wird schon 2 mal 45 Minuten gespielt, und auf Bundesebene wird in der kommenden Saison ebenfalls 2 mal 45 Minuten gespielt. Es war halt so, daß wir 1970, als es anfing, nur 2 mal 30 Minuten spielen durften. Wir haben dann 10 Jahre gebraucht, um die 2 mal 40 und noch mal 10 Jahre, um die 2 mal 45 Minuten durchzusetzen. Es ist nicht, weil die Frauen das nicht wollen, sondern weil die Männer im DFB sagen, die Frauen sind zu schwach. Heute weiß jeder, daß gerade die Frauen im Ausdauersport besonders erfolgreich sind. Einige Männer wollten den Frauen anfangs sogar Metallschienen für die Brust vorschreiben, während noch nie jemand über Metallschienen in den Hosen der Männer gesprochen hat, obwohl diese Teile wesentlich gefährdeter sind als die Brust der Frauen.“* (Lachen)

Ein Fußballfan aus dem Hintergrund: „Also Frauen, die einen großen Busen haben, die sind für den Fußball nicht geeignet.“ (Großes Gemurmel, viele Kommentare, „Frauen die solche Glocken haben, können doch nicht Fußball spielen“, lautes Lachen!)

Frau K.-E.: *„Also Frauen mit 'solchen Glocken', wie du dich ausdrückst, das ist eine kleine Minderzahl. Frauen wie die Bea Fiedler werden wahrscheinlich keinen Sport treiben, weil das eine Belastung für den Körper ist. Aber es gibt doch auch Männer, die aus körperlichen Gründen nicht Fußball spielen können, z.B. weil sie einen zu dicken Bauch haben. Aber egal wie groß die Brust ist – ich weiß natürlich nicht, was du dir unter einer großen Brust vorstellst –, gestoppt wird jedenfalls mit dem Brustbein und nicht mit der Brustspitze.“*

Ein Fußballfan (leicht genervt aus dem Hintergrund):„Ach, Frauenfußball ist Scheiße, die Frauen lernen nie das Fußballspielen.“

Frau K.-E.: *„Du hast doch noch nie ein Frauenfußballspiel gesehen, und du kennst keine einzige Frauenfußballspielerin, oder kennst du zum Beispiel die Doris Fitschen, die in die Weltelf des Frauenfußballs gewählt wurde?“*

Fußballfan: „Doch, fünf Minuten hab ich mal zugeguckt. Und wenn dann eine mal gut spielt, dann geh ich trotzdem nach Hause.“

Frau K.-E.: *„Wenn ich dir fünf Minuten zuhöre, dann könnte ich auch sagen, 'aus dir wird nie etwas'.* (Lautes Lachen) *Ich kenne zwar deinen Beruf nicht, ich weiß nicht, was du für einen Sport treibst usw., aber mein Eindruck aus fünf Minuten ist, aus dir wird nie etwas.* (Wieder lautes Lachen) *Das ist natürlich ein Vorurteil.*
Aber jetzt schau doch, wenn du eine Sache nur fünf Minuten gesehen hast und dazu sagst, das kann nichts werden, dann ist das doch dumm, und mein Eindruck nach fünf Minuten ist dann: Du bist dumm.“

Fußballfan: „Es ist doch nicht dumm, wenn das meine Meinung ist.“

Frau K.-E.: *„Man kann nicht in fünf Minuten das Weltgeschehen kommentieren. Vielleicht kann man nach fünf Minuten sagen, ich interessiere mich nicht dafür, das ist dann legitim, aber du kannst nach fünf Minuten nicht sagen, Frauen lernen das nicht. Frauen werden in Zukunft noch viel besser spielen, viel besser als du dir das jemals wirst vorstellen können.“*

Anderer Fußballfan: „Gegen welche Männermannschaft würde eine Damenbundesligamannschaft zur Zeit etwa bestehen?“

Frau K.-E.: *„Gegen gar keine. Frauen sind nicht in der Lage, in allen Sportarten gegen die Männer zu bestehen. Das hat aber nichts damit zu tun, daß Frauen nicht Fußball spielen können. Nehmen wir mal an, die Damennationalmannschaft spielt gegen die A-Jugend-Nationalmannschaft. Also ich schätze mal, da verlieren wir 7 : 0. Das liegt an der Schnelligkeit, das liegt an der Kraft, da können die Frauen überhaupt nicht mithalten, aber die Frauen spielen technisch gesehen einen hervorragenden Fußball.“*

LAUT, ABER BLÖD

Bela Rehty – der Macho und der Frauenfußball

Schon am Tonfall wurde es klar: das ZDF hatte Bela Rehty gezwungen, das Frauenpokalfinale zu kommentieren. Eine Demütigung sondergleichen! Diese Dreingabe zum Männerfinale, dieser mickrige Versuch der Gleichmacherei, dieses, sagen wir es Rehty-artig, Ärgernis.

So erklärte uns der hörbar gequälte Mann mit dem Frauennamen erstmal, daß Frauenfußball ein völlig anderes Spiel sei. Nehmen wir das Geld: Die arme Holländerin etwa, die „sich in Siegen ein paar Mark verdient“. Dafür machts vielleicht ja Spaß, und, schaut bloß, „da ist ja mal wieder ein Schuß in Richtung Tor. Aber die gute Frau Stumpf ist kaum zu überwinden, eine große kräftige Frau!“ Leider flößte dieser Anblick dem guten Herrn Rehty keinen Respekt ein. Er, der Prototyp des 08/15-Durchschnittsmannes, mußte leiden. „Eine Werbung für den Frauenfußball sollte es sein (seufzt), vielleicht wird's ja noch was.“ Aber wahrscheinlich geht's nur so lahm, weil „der holden Weiblickkeit da unten die Kräfte fehlen“. Vermutungen, die er „uns prima erzählen kann, der Ball ist ja dauernd draußen“. So gilt die aufkommende Stimmung im Stadion nicht dem Spiel, „die machen sich bloß warm fürs Männerfinale. Vielleicht hilft ja der Applaus, damit die Damen aufwachen.“ Doch das war dann auch nicht recht. „Rauhe Sitten“, bemäkelte Rehty ein Foul der „wie soll man sagen, Manndeckerin“. Das einzig Gute war, daß einige dieser Geschöpfe unten auf dem Rasen fußballspielende Brüder hatten, über die Rehty was wußte. Schnell wurde der FSV Frankfurt zur Eintracht (das hören die Damen gar nicht gern), und gönnerhaft erklärte Bela den TSV Siegen zum „Bayern München des Frauenfußballs“. Zu weit ging ihm, daß sich eine Spielerin zum „Littbarski“ kürzte. „Lassen wir das mal so stehen“, mißbilligte er. Und hob zum Schlußurteil an: „Hübsch, aber wirkungslos.“

Bleibt uns nur eine Entgegnung: Laut, aber blöd. Und: Der Ball ist rund und der Kopf hohl.

taz, 25.05.1992 (miß)

Fußballfan: „Aber wenn ich Geld für ein Fußballspiel ausgebe, dann will ich auch erstklassigen Fußball sehen."

Frau K.-E.: *„Nehmen wir mal das Tennis. Vor 10 Jahren war Frauentennis für Männer noch total langweilig. Mittlerweile schauen aber wahnsinnig viele Männer gerne Frauentennis an, weil es eben mehr ist als Aufschlag und Bumm."*

Anderer Fußballfan: „Welche primären Ziele verfolgen denn nun die aktiven Frauen im Frauenfußball?"

Frau K.-E.: *„Mein Ziel ist es, daß Mädchen unbefangen Fußball spielen können und daß nicht mehr solche Diskussionen sein müssen wie hier die."*

Anderer Fußballfan: „Ich glaube, Frauenfußball wird immer etwas exotisch sein."

Frau K.-E.: *„Ihr stellt immer Vergleiche mit den Männern her. Wir wollen das nicht. Das wird ständig an uns herangetragen. Wir wollen in erster Linie Fußball spielen."*

Teamer: „Die Frauen können auch einen Speer nicht so weit werfen wie die Männer, aber keiner kommt auf die Idee zu sagen, die Frauen sollen keinen Speer mehr werfen. Außerdem kenne ich eine Männermannschaft aus dem Nachbardorf, die verlieren jeden Sonntag. Absteigen können sie nicht mehr, weil sie schon in der untersten Klasse spielen. Komischerweise habe ich noch nie jemand sagen hören, daß diese Männer mit dem Fußballspielen aufhören sollen.
Außerdem, wenn sich jemand mal zufällig fünf Minuten das Länderspiel Deutschland-Österreich angesehen hätte, ja dann hätte der sich doch nie wieder ein Fußballspiel ansehen dürfen. Es gibt auch Männerfußballspiele, die sind nicht nur fünf Minuten lang Scheiße, sondern 90."

Nachbemerkung

An einer Veranstaltung oder Diskussion, bei der es um die Gleichberechtigung oder Gleichstellung der Frauen geht, würden diese eher an der traditionellen Männlichkeitsrolle festhaltenden Fußballfans wahrscheinlich niemals aus freien Stücken teilnehmen. Der Diskussion um den Frauenfußball sahen die Fans bemerkenswerterweise mit einem gewissen Interesse entgegen, nicht zuletzt auch deswegen, weil ihnen eine kompetente Gesprächspartnerin in Aussicht gestellt wurde.

Daß die Gesprächspartnerin nicht nur über gute Argumente verfügte, sondern auch die sprachlichen Mittel bereit hatte, sich mit der Männerriege jugendlicher Fußballer erfolgreich auseinanderzusetzen, hat der Diskussion, und sicher auch den Jungs, nur gutgetan.
Zwar ist die Existenz einer Frauenbewegung auch den „kleinen Chauvinisten“ nicht entgangen, allerdings hält deren bloße gesellschaftliche Existenz sie nicht davon ab, alle ihre Vorurteile sowie alle kleinen und großen Gemeinheiten gegen Frauen zum besten zu geben. Appelle an das moralische Empfinden durch Reaktionen wie Beleidigt- oder Betroffensein, würden wahrscheinlich wenig bewirken. Das, was beeindruckt, zeigt der Diskussionsverlauf, ist die Auseinandersetzung auf ihrer sprachlichen Ebene, auf der sie überhaupt erst argumentativ erreichbar sind. Sich für einen Vormittag auf so eine Situation einzulassen, ist sicherlich keine leichte Aufgabe: Frau Koch-Emsermann hat sie, nicht zuletzt aufgrund ihrer langjährigen Erfahrungen in dem Milieu härtester und wohl auch borniertester männlicher Vorurteile gegen Frauen, vergnüglich und hervorragend gemeistert. Um möglichen Mißverständnissen vorzubeugen, sei noch erwähnt (Frau Koch-Emsermann hat uns um diesen Hinweis gebeten), daß wir sie nicht um einen wissenschaftlichen Vortrag gebeten hatten, sondern gerade um ein solch offen strukturiertes Gruppengespräch.

Das Fußballspiel und die proletarischen Massen

Wie proletarisch ist das Fußballspiel?

Wie eingangs erwähnt, war der Fußball zunächst ein Privileg der englischen Oberklassen; er war im 19. Jahrhundert die Sportart, die in den englischen Public-Schools und an den Universitäten gespielt und gepflegt wurde.
Die englischen Arbeiter konnten sich dem Fußballsport erst nach der Reduzierung der wöchentlichen Arbeitszeit zuwenden, insbesondere nach der Einführung des freien Samstagnachmittags im zweiten Drittel des 19. Jahrhunderts. Analog vollzog sich diese Entwicklung, mit einigen Jahren Verzögerung, in den anderen europäischen Industrieländern. Bis zum Jahre 1882 beherrschten in England die bürgerlichen Sportvereine den organisierten Fußball, doch im Jahr darauf schockten die Textil- und Metallarbeiter von Blackburn Olympic die Fußball-Aristokraten aus Eton und Oxford durch einen 2:1 Sieg über die Old Etonians.
Während sich die feinen Leute tendenziell den einem „gentleman“ angemessenen Individualsportarten zuwandten, wurde der Fußball *die* Sportart der proletarischen Massen. 1927 waren 1 Million Engländer in Fußballclubs organisiert, die Mehrheit von ihnen waren Arbeiter.
Warum gerade der Fußball bei den Arbeitern so beliebt wurde, hat zum einen ganz einfache und zum anderen auch eine Reihe sehr diffiziler Gründe. Wenden wir uns erst einmal den einfachen Gründen zu:
Um Fußball zu spielen, braucht man nicht viel: einen Gegenstand, der die Funktion eines Balls ausfüllt, und ein halbwegs freies Feld, auf dem man zwei Tore, notfalls auch nur eins markiert. Dazu braucht man nicht unbedingt Pfosten, Kleidungsstücke oder alte Konservendosen tun es auch. Jetzt braucht man nur noch ein paar Fußballverrückte und schon entsteht für sie ein Spiel, dem sie sich ebenso verzückt hingeben werden wie ihre Stars im Superstadion der Hauptstadt. Die Regeln des Spiels sind so einfach, daß jeder Knirps sie in wenigen Minuten verstehen kann. Es gibt wohl kein anderes Ballspiel, das man mit so wenig Aufwand und mit so viel Hingabe spielen kann. Sicherlich ist dies auch der Grund dafür, daß gute Fußballer ebenso häufig aus einem brasilianischen Slum wie aus einer englischen Privatschule kommen können.
Mit solchen banalen Erklärungen geben sich Fußballsoziologen und -psychologen natürlich nicht zufrieden. Daß ihre Betrachtungen und Ausfüh-

rungen über das Wesen des Fußballs zu seltsamen Ansichten führen können, vor allem wenn die Autoren ihre ideologische Heimat im Marxismus haben, zeigt das folgende Beispiel: Gerhard Vinnai, der den Fußballsport 1970 als Ideologie entlarven wollte, sieht dort, wo Sportideologen spielerisches Treiben sehen, „in Wahrheit" die Arbeitswelt verdoppelt: „Die optimale Exploitation der Arbeitskraft findet ihre Analogie in der optimalen 'Torausbeute', die die Athleten ihrer sportlichen Leistungsfähigkeit abzwingen sollen."[48] Auf dem Sportplatz, wo sich scheinbar die Arbeitermassen fröhlich austoben, wird, so Vinnai, in Wirklichkeit „das reibungslose Funktionieren (im Kapitalismus) geübt, werden die Bedürfnisse (der Arbeiter) manipuliert". Die „Pseudoaktivität" am Ball kanalisiert die subversiven Energien der Arbeiter und verhindert die Abschaffung des Kapitalismus. Vinnai: „Die Tore auf dem Fußballfeld sind die Eigentore der Beherrschten." Das wahre Opium fürs Volk ist demnach und entgegen der Auffassung von Marx, nicht die Religion, sondern der Fußball.
Daß linke Theoretiker dem Fußball auch positive Seiten abgewinnen können, zeigt das von Dietrich Schulze-Marmeling herausgegebene Buch. Seiner Ansicht nach entfesselt der Fußball eine ansonsten „vom politischen und ökonomischen System unterdrückte Kreativität und Intelligenz. Zu den typischen Qualitäten proletarischer Fußballspieler zählten nicht nur Kraft und Robustheit, Härte und Hartnäckigkeit, Kondition und Ausdauer, sondern auch körperliche Gewandtheit und Geschicklichkeit und – last but not least – List."[49] Schulze-Marmeling, der in den 60er Jahren die Volksschule einer Kleinstadt im Ruhrgebiet besuchte, scheint heute noch fasziniert von den fanatischen und einfallsreichen kleinen Dribblern zu sein, die sich auf der Schulbank als „Nieten" erwiesen haben, aber in Punkto Gemeinschaftsgefühl, Gruppensolidarität und Mannschaftssport „überentwickelt" waren. Immerhin fand die Belohnung dieser Jungs nicht im Jenseits statt, sondern im Diesseits ihres proletarischen Milieus, in dem fußballerisches Können und mannschaftsdienliches Verhalten geehrt wurden. Darüberhinaus bot der Fußball aber auch die Möglichkeit, dem Stumpfsinn der Industriearbeit zu entfliehen, nicht nur für die Zeitdauer eines Spiels, sondern für einige wenige für immer. Wem es gelang, ein kleiner Star zu werden, der mußte bald nicht mehr arbeiten, sondern nur noch trainieren. (Das das Fußballtraining nicht gleichzusetzen ist mit Arbeit, wissen wir u.a. auch von Franz Beckenbauer.)
Den Versuchen des Arbeiter-Turn- und Sportbundes/ATSB, eine „sozialistische Fußballethik" und eine „sozialistische Spielkultur" zu kreieren sowie die Balltreter zum politischen Engagement zu animieren, war nicht viel Erfolg beschieden. Die Mehrheit der Arbeiter wollte lieber im DFB – auch

wenn dieser noch so rechtsbürgerlich war – dem Ball nachjagen und in Ruhe gelassen werden. So sah es auch der legendäre Ernst Kuzorra, der zu diesem Thema äußerte: „Wir wollten Fußball spielen, mit was anderem wollten wir nichts zu schaffen haben. Politik und Religion spielten bei uns im Verein überhaupt keine Rolle.“[50]
Die Vorstellung, daß das Fußballspiel etwas Urkollektives und die Sportart des kleinen Mannes sei, ist aber noch immer als dubioser Mythos lebendig, auch wenn mittlerweile die bürgerlichen Vereine (Bayern München, Eintracht Frankfurt, usw.) in der Bundesliga eindeutig den Ton angeben.

Schalke 04 oder der Mythos vom proletarischen Fußballverein

Kein Fußballclub in Deutschland ist so häufig Gegenstand romantischer Idealisierungen und nostalgischer Vergangenheitsbeschwörungen wie Schalke 04. Das Hohelied der braven und tapferen „Knappen“, die ihren Erfolg auf eine Solidarität gründeten, wie sie auch „unter Tage“ überlebenswichtig ist, gehört zu den scheinbar unverwüstlichen Sagen des Reviers. Daß seit 1934 kein Kumpel mehr bei Schalke gekickt hat und daß die Zeit des Wunderstürmers Kuzorra „auf Zeche“ auch nur wenige Jahre andauerte – Kuzorra stand Ende der 20er Jahre schon im eigenen Zigarrenladen – konnte bis heute dem Schalkemythos kaum Schaden zufügen.
Zufällig ist das Schalkephänomen aber keineswegs. Der weitaus überwiegende Teil der Bergleute, die in Gelsenkirchen den Charakter der Stadt prägen, stammt aus Schlesien, Ostpreußen oder Polen. Die Schalker litten auswärts deshalb unter einer doppelten Deklassierung: Sie galten nicht nur als „Proleten-“ sondern zudem, als Folge von Fremdenfeindlichkeit, als „Polackenclub“. Hier liegt sicherlich ein wesentliches Moment für ein außerordentliches „Wir-Gefühl“ und für die besondere Treue zu „Blau und Weiß, wie lieb ich dich, Blau und Weiß verlaß mich nicht“, wie es in einer vor Ort geliebten Schnulze heißt. Aus der Deklassierung resultierte allen Anfeindungen zum Trotz ein besonderer Stolz und das (Auf)Begehren, es allen Hochnäsigen einmal so richtig zeigen zu wollen.
Dies schafften die Schalker in der Zeit zwischen 1933 und 1942 mit sechs deutschen Titeln.
Fußballexperten führen diesen grandiosen Erfolg aber nicht auf den besonderen proletarischen Habitus der Schalker zurück, sondern auf die Einführung des Flachpaßspiels, das die Gebrüder Ballmann aus England einführ-

ten. Während andere Teams den Ball noch hoch und planlos über das Feld droschen, überbrückte man in Gelsenkirchen den Raum mit gepflegten Kurzpässen. Den Rest besorgten Ausnahmetalente wie Kuzorra, Szepan und Tibulski .
Die Kehrseite der Überidentifikation mit Schalke 04 sind die zahlreichen Skandale. Drei Funktionäre haben sich das Leben genommen, einer ging „im Kanal“ wegen „die Kleinigkeit“ verbotener Zahlungen an Spieler. Betrug und schwarze Kassen, für derlei steht der Name Schalke auch, sind möglicherweise ebenfalls ein Produkt dieser besagten Überidentifikation, welche einfach nicht wahrhaben will, daß die Schalker Kicker nicht für immer die Allergrößten sind.

Über einen vagen Zusammenhang: Politik und die Art und Weise, den Fußball zu spielen

Der Reichsfußballtrainer von 1926 bis 1936, Otto Nerz, bevorzugte einen gradlinigen, konsequenten und kraftvollen Fußball. Nerz unterdrückte die Spontaneität und die Kreativität der Spieler und predigte ihnen stattdessen Perfektion und Organisation. Ob dieses Verständnis vom Fußballspiel nun ein Ergebnis der Lehre proletarischer Kollektivität ist oder das Resultat totalitärer Ordnungsvorstellungen – für die persönliche Entwicklung und die individuellen Fähigkeiten eines Spielers gibt es in dem einen wie in dem anderen System keinen Freiraum.
Die angeblich so urdeutschen Eigenschaften (Durchsetzungsvermögen, Körperkraft, Schnelligkeit) findet man zumindest genauso oft im englischen Fußball; so hat denn auch der englische wie der deutsche Fußball eine Reihe von genialen und kreativen Fußballern hervorgebracht. Fußballer wie Günter Netzer waren sogar in der Lage, die eher fußballabstinenten 68er für den Sport der proletarischen Massen zu begeistern, und mancher Linke sah in den raumgreifenden Pässen von Günter Netzer, dessen lange Haare im Mittelfeld wehten, einen Hauch von jener Utopie, die damals den Zeitgeist beflügelte. Ein Mann des Volkes war Netzer aber keineswegs, er war querköpfig, eigenbrötlerisch und etwas in sich gekehrt, vor allem aber ein Fußballästhet. Netzer war somit eine ideale Identifikationsfigur für die intellektuelle Linke, denen Gerd Müller zu bieder und Franz Beckenbauer zu arrogant war.
Die letzte Identifikationsfigur für „linken Fußball“ war wohl eindeutig Ruud Gullit. Locker, liebenswürdig und unbekümmert zelebriert er den Fußball als ästhetisches Erlebnis. Gullit singt in Reggae-Bands wider den Rassismus,

kämpft gegen Rassendiskrimierung und unterstützt den südafrikanischen ANC. Als Identifikationsfigur für das proletarische Publikum im Fanblock kommt Ruud Gullit aber weniger in Frage. Jener Teil der Zuschauer steht eher auf Paul Gascoigne, dessen proletarische Ungezogenheit („Wie Pavarotti klinge ich nur, wenn ich furze") bei einigen jugendlichen Rüpeln hervorragend ankommt. Bei einem Fußballseminar schwärmte eine Handvoll Jungs von Gascoigne, weil dieser unter anderem laut und deutlich in ein italienisches Fernsehmikrofon gerülpst hatte.

Auf der einen Seite identifizieren sich gerade die englischen Unterschichten mit der rüpelhaften Art ihres Gascoignes, auf der anderen Seite ist Gascoigne ein Teil des britischen Chauvinismus, der wenig Probleme damit hat, wenn Gascoigne im Spiel gegen die Niederlande Ruud Gullit unentwegt als „langhaarigen Affen" beschimpft. (Oder paßt beides etwa gut zusammen?)

Wenn von „linkem Fußball" die Rede ist, darf Cesar Luis Menotti nicht unerwähnt bleiben, der im Gegensatz zu Netzer „aus der Tiefe des Volkes" kam. Menotti hat sich explizit gegen „rechten Fußball" gewandt. „Rechter Fußball" ist: buchhalterische Input-Output-Logik, ultradefensive Taktik, schematisches Ballhalten, knochenbrechende Tricks und alles, was ein schönes, kreatives Spiel zerstört. Menotti, dem es gelang, „argentinische Spiellaune" mit „europäischer Zielstrebigkeit" zu kombinieren, verband seine Vorstellungen vom Fußball mit einer wirkungsvollen Kritik an den autoritären Machtverhältnissen in seinem Land Argentinien.

Das Charisma eines Menotti war linken Fußballstars in Deutschland, wie Ewald Lienen oder Volker Ipping (Torhüter bei St. Pauli), nie gegönnt. Dieses flog eher solchen Spaßvögel wie Lippens oder Burgsmüller zu, die mit Sicherheit nicht rechts standen, die aber auch nicht als links einzustufen sind (auch wenn sich Burgsmuller 1978 klar gegen das Regime in Argentinien ausgesprochen hatte).

Im Gegenzug könnte man nun eine Reihe Fußballer nennen, die rechte und rassistische Sprüche nicht nur auf dem Spielfeld von sich gegeben haben und geben. Ich verzichte darauf und beende dieses Kapitel mit der Vermutung, daß letztendlich der Fußball weder links noch rechts steht, sondern eine Sportart ist, in der aufgrund ihrer Komplexität und Vielschichtigkeit in sich widersprüchliche Elemente angelegt sind.

Fußball im Seminar – Bildungsarbeit mit Fußballfans

Seit 1992 finden im Haus der Gewerkschaftsjugend, Oberursel, regelmäßig Seminare zum Themenbereich Fußball statt. Diese Seminare stoßen bei Jugendlichen auf großen Zuspruch. Die Teilnehmer sind vornehmlich männliche Jugendliche, in deren Leben Fußball eine bedeutende Rolle spielt. Die Mehrheit von ihnen sind „normale“ und „echte“ Fans, hin und wieder sind auch mal Hooligans mit dabei. Sie nehmen am Fußballgeschehen als Zuschauer teil und spielen nur gelegentlich selbst. Etwa ein Drittel sind aktive Fußballer, die zum Teil hervorragend spielen können. Zwar gehen auch sie von Zeit zu Zeit als Zuschauer ins Stadion, ihre Leidenschaften als Fans sind aber weitaus weniger ausgebildet.
Intention der Fußballseminare ist es, das Phänomen Fußball in seinen vielfältigen Facetten und Funktionen zu beleuchten. In diesem Rahmen besuchen und analysieren wir ein Stadion, zeichnen die Entstehung und die Geschichte des Fußballspiels nach und vergleichen die historischen Spielsysteme mit der jeweiligen Situation einer Gesellschaft. Wir befassen uns vor dem Hintergrund moralischer Überlegungen mit der Fairneß im Sport, thematisieren den Zusammenhang von Sport und Kommerz und beschäftigen uns gegen Ende des Seminars ausführlich mit der Gewalt, die sich im Um-

feld der Fußballspiele ereignet. Bei all diesen Fragestellungen wird immer wieder auch das eigene (Fan-)Verhalten kritisch reflektiert, um zu überlegen, warum man sich in bestimmten Situationen so und nicht anders verhält, welche Alternativen es gibt und was für die eine oder die andere Verhaltensoption spricht.
Zu den Seminaren gehört in der Regel auch ein Dialog zwischen Fans, Hooligans und Polizei. Die unterschiedlichen Standpunkte und Sichtweisen sollen in der Diskussion möglichst deutlich werden, um dann erste Schritte des Verstehens und der Verständigung thematisieren zu können.
Im folgenden sind der Ausschreibungstext und der Programmverlauf der Seminare wiedergegeben. Je nach Zusammensetzung der Teilnehmer kann es im einzelnen zu kleineren Abweichungen kommen.

Ausschreibung des Seminars

„Fußball als Spiegel gesellschaftlicher Verhältnisse“

Der Fußball hat viele Gesichter; er ist stilisierter Kampf, religiöse Zeremonie, Droge fürs Volk und ein großes Geschäft. Er ist unkalkulierbar, er steht für das Ungewisse, für Glück und Hoffnung.
Für die Zuschauer ist er ein großes Theater, in dem sie die Spieler anfeuern können, in dem sie außer sich geraten, jubeln, hadern, weinen, schreien.
Verhaltensforscher begreifen das Fußballspiel als rituelle Jagd: Der Jäger wird zum Fußballer, die Waffe zum Ball und die Beute zum Tor. Die Mannschaft greift an, und zwar das Tor, in das der Ball geschossen wird. Hat Fußball deshalb per se etwas mit Gewalt zu tun?
Dies ist nur *eine* Frage, auf die das Seminar eine Antwort finden will. Auf dem Programm stehen eine Besichtigung des „Eintracht-Stadions“, ein Gespräch mit einem Bundesligaspieler, die Geschichte des Fußballs, die Rituale, die Gesänge und vieles mehr, was Fußballfans so tun.
Die gesamte Woche über läuft ein Freizeitturnier mit der obligatorischen Siegerehrung am Donnerstagabend.
Mit am Seminar beteiligt ist die „Junge Gruppe“ der Gewerkschaft der Polizei.

Seminarprogramm

<u>Sonntag:</u>	Begrüßung, Organisatorisches, Vorstellung
<u>Montag:</u>	
Vormittag:	Das Fußballstadion: Raumerlebnis, Sitz- und Stehplätze, wer sitzt und steht wo und warum?

	Warum stehen die Fans in der Kurve? Wie wünschen sich jugendliche Fußballfans „ihr“ Stadion?
Nachmittag:	Besuch mit Führung im Frankfurter Waldstadion, anschließend Besuch im Sportmuseum
Abendveranstaltung:	Beginn des Fußballturniers. Anschließend: Erstellung einer Seminarzeitung
Dienstag:	
Vormittag:	Zur Geschichte und den Wesensmerkmalen des Fußballspiels. Warum ist das Fußballspiel in Europa so beliebt geworden?
Nachmittag:	Das Fußballspiel als religiöse Zeremonie (Analyse der Rituale, Gesänge, Gesten, Sprüche, usw.)
Abendveranstaltung:	Fortsetzung des Fußballturniers
Mittwoch:	
Vormittag:	Fußball als Mannschaftssport: Spielerische und soziale Interaktionen innerhalb der Mannschaft Entwicklung der Spielsysteme im Vergleich zur gesellschaftlichen Entwicklung
Nachmittag:	Die Bedeutung des Fußballsports innerhalb der Arbeiterkultur am Beispiel Schalke. Gespräch mit einem Fußballspieler von Eintracht Frankfurt.
Abendveranstaltung:	Fortsetzung des Fußballturniers. Erstellung einer zweiten Zeitung.
Donnerstag:	
Vormittag:	Fußballrandale: Einstieg mit einem von den Fans selbst erstellten Film.
Anschließend:	Diskussion zwischen Vertretern der Fußballfanszene, Vertretern der Polizei und einem Vertreter der Gewerkschaft der Polizei.
Nachmittag:	Moral und Fairneß im Fußballsport: Entstehung und Entwicklung der Fußballregeln, die Rolle des Schiedsrichters, die Rolle des Sportgerichts. Fallbeispiele: Das Ordennewitz-Foul u.a. Die Teilnehmer fällen in kleinen Arbeitsgruppen wie das Sportgericht ein Urteil über das Foul bzw. die Fouls. Im Plenum sollen sie ihre Urteile bekanntmachen und begründen. Anhand der unterschiedlichen Urteile sollen rechtsphilosophische Fragen unter Bezugnahme auf die Kohlbergschen Moralstufen erörtert werden.

Abendveranstaltung:	Endspiel des Fußballturniers.
Später Abends:	Siegerehrung, kleine Preise für alle.
Freitag:	
Vormittag:	Frauenfußball Referat zum Thema: Ist der Fußball Männersache?
Nachmittag:	Seminarauswertung und Seminarkritik

Perspektivisch wird zur Zeit im Haus der Gewerkschaftsjugend ein Projektvorschlag erörtert, der zum Ziel hat, die Fans unterschiedlicher Vereine zusammenzubringen. Das Projekt könnte, unter Nutzung der Möglichkeiten der DGB-Bildungsstätte, gelegen in einem wunderschönen Park mit Fußballplatz, etwa so ablaufen: Die Bildungsstätte in Oberursel, nicht weit von Frankfurt, steht bei den Heimspielen der Eintracht[51] für die „gegnerischen Fans" offen. Die Fans reisen am Freitagabend an und werden hier untergebracht. Am Samstagmorgen wird ihnen dann nach dem Frühstück ein Programm geboten. Das Programm soll nicht nur unterhaltend sein, sondern auch kulturelle und politische Ziele verwirklichen helfen. Am Samstagnachmittag werden die Fans mit einem Bus zum Stadion gebracht und nach dem Spiel wieder zurück in die Schule. Dort findet am Abend eine gemeinsame Feier bzw. eine Veranstaltung mit den Frankfurter Fans statt. Auch für sie sollen, je nach Bedarf und Kapazität, Übernachtungsmöglichkeiten angeboten werden. Am Sonntagmorgen reisen die Fans nach dem Frühstück wieder ab. Gelänge es, ein solches Projekt zu realisieren, könnte dies ein Beitrag sein, den Fußballsport wieder weniger als Kampf und mehr als Sport zu sehen, die „Gegner" wieder als Mitspieler zu begreifen und durch die Begegnung der Fans Gewaltpotentiale zu minimieren helfen.
Vorgespräche mit Kennern und Repräsentanten der Frankfurter Fußballfanszene haben ergeben, daß ein derartiges Angebot bei den auswärtigen Fans starke Resonanz haben würde. Kostengünstige Übernachtungsmöglichkeiten lassen sich bekanntermaßen in den großen Städten kaum finden und würden daher auf Interesse stoßen.[52] Darüberhinaus gibt es unter den Fans vielfältige, von der Öffentlichkeit wenig beachtete Bestrebungen, Fantreffen, Fanclubs, Zeitungen und andere kulturelle und soziale Events zu organisieren. Eine Reihe dieser Ansätze, die oft wegen des „Negativ-Images" der Fußballfans und der nicht vorhandenen Lobby scheitern, ließen sich mit dem Projekt stabilisieren und weiterentwickeln. Kenner der Fanszene schätzen, daß pro Wochenende zwischen 20 und 60 auswärtige Fans das Angebot wahrnehmen würden.

Nach dem Spiel

Was ist eigentlich aus dem Ball geworden, den Roberto Baggio im Prolog verschossen hat? Unaufhaltsam flog er, am Tor vorbei, in die Dunkelheit der Nacht. Keine Kamera, kein Menschenauge konnte ihn schließlich noch verfolgen. Niemand, kein Fan und kein Verein, hat ihn jemals wiederfinden können. Er flog, der Schwerkraft ganz entzogen, geradewegs ins All. Er verließ die kleine Erde, an Jupiter vorbei entkam er unserem System der Sonne und der ganzen Galaxie. Irgendwo traf er auf neue Erden. Lebewesen fanden ihn. Sensibel konnten sie in ihm die Botschaft lesen von seiner Wichtigkeit in der fernen Menschenwelt. Einige Wesen aus dem All lachten, andere schwiegen lange Zeit. Dann entschieden sie, den Ball aufzubewahren und erst wenn die Erdenbewohner eines Tages das Spielen gänzlich verlernt haben sollten, den Menschen den Ball zurückzugeben.

Anmerkungen

1 Richard Sennett, Verfall und Ende des öffentlichen Lebens, Frankfurt 1986, S. 46

2 Versucht jemand, diese Mauern zu durchbrechen, setzt er sich dem Risiko der Peinlichkeit aus, wie beispielsweise ein jüngerer Mann, der vor kurzem sein Gegenüber in der Frankfurter U3 wie folgt ansprach: „Sind Sie mit Herrn Mangelsdorf verwandt“? Der so Angesprochene schien wie gelähmt. „Mangelsdorf, der Jazz-Musiker“, setzte der Frager nach, fast schon flehentlich, als ob er fürchte, auf seiner Frage sitzenzubleiben. Der Befragte schüttelte ebenso ratwie hilflos den Kopf. „Sie sehen wirklich dem Herrn Mangelsdorf sehr ähnlich“, und mit einer Geste der Entschuldigung fügte er noch hinzu: „Ich dacht´ wirklich, Sie sind vielleicht mit ihm verwandt“. Damit war die Kommunikation, die nie richtig begonnen hatte, beendet. Beide schauten nun angestrengt aneinander vorbei. Der Frager hatte eine peinliche Situation geschaffen und sich darüberhinaus zum Schuldigen gemacht; schließlich hatte er den persönlichen Schutzschirm eines Fremden durchbrochen und ihm das Recht, in Ruhe gelassen zu werden, geraubt.

3 Ein Verhaltensforscher aus Neuguinea, der – in der alten Welt – ein Fußballspiel besuchen wollte, aber nicht in das ausverkaufte Stadion gelangte und so nur den Lärm von außen hörte, war überzeugt, daß im Inneren des Stadions eine kannibalistische Orgie vonstatten ging. Umberto Eco; in einem Text 1958.

4 Norbert Elias, Über den Prozeß der Zivilsation, Stuttgart 1995

5 Gunter A. Pilz, „Öffentliche Bedürfnisanstalt“ – Das Fußballstadion als besonderer Ort in der verregelten Gesellschaft, in: Klaus Hansen (Hg.), Verkaufte Faszination, Essen 1993

6 Eine lesenswerte Abhandlung über die Fußballstadien findet sich in dem Buch von Desmond Morris, Das Spiel, S. 38 ff: Die Stammesterritorien

7 So nennt man das klägliche Uni-Hochhaus an der Senckenberganlage in Frankfurt, in dem vornehmlich die Geisteswissenschaftler lehren und forschen.

8 zitiert nach: Desmond Morris, Das Spiel, München/Zürich 1981, S. 258

9 vgl. George H. Mead: Geist, Identität, Gesellschaft, Frankfurt/M. 1973

10 E. Durkheim, Die elementaren Formen des religiösen Lebens, Frankfurt/M: 1981, S. 315

11 M. und I.S. Csikszentmihalyi (Hrsg.), Die außergewöhnliche Erfahrung im Alltag, Stuttgart 1995, S. 124

12 Der Begriff „flow“ beschreibt Augenblicke menschlichen Erlebens, in denen sich die Grenzen zwischen Subjekt und Welt verwischen, in denen sich der Mensch im Tun vergißt, in dem Weg und Ziel eins werden. Es sind Augenblicke größter Freude, intensivster Gefühle und Aktivierung. Der Begriff geht zurück auf Mihaly Csikszentmihalyi (Das flow-Erlebnis – Jenseits von Angst und Langeweile), der die Psychologie des Flow-Erlebnisses prägend beschrieben hat.

13 Ikuya Sato, Bosozoku: *flow* in japanischen Motorradbanden, in: M. und I.S. Csikszentmihalyi (Hrsg.), Die außergewöhnliche Erfahrung im Alltag, Stuttgart 1995, S. 106

14 Ikuya Sato, a.a.O.

15 Christopher Lasch, Das Zeitalter des Narzißmus, München 1982, S. 109

16 Ein Fan erzählte, daß er den Bundeswehrdienst verweigert hatte, weil es während der Bundeswehrzeit nicht möglich war, zu allen Spielen zu fahren. Als Zivildienstleistender dagegen war ihm das möglich gewesen.

17 Anjo Scheel, Fanpolitiker, in: Christoph Bierbaum, Wenn du am Spieltag beerdigt wirst, kann ich leider nicht kommen, Köln 1995, S. 148

18 ebenda, S. 149

19 vgl. Desmond Morris, Das Spiel, München/Zürich 1981, S. 212

20 Bill Buford, Geil auf Gewalt. Unter Hooligans, München 1992, Seite 57

21 vgl. Emile Durkheim, Die elementaren Formen des religiösen Lebens, Ffm. 1981, S. 571

22 Der Fußball hat zwar viele zusätzliche Zuschauer gewonnen; aber die absoluten Zahlen zeigen, daß die Kirchen noch unangefochten mit 350 Mill. Kirchenbesucher führen. Es folgen die Kinobesucher mit 112 Mill., dann die Fußballzuschauer mit 90 Mill. Weit dahinter die Museums- und Theaterbesucher mit 56 bzw. 20 Mill. Besuchern.

23 Desmond Morris, Das Spiel, München/Zürich 1981, S. 23

24 Das folgende Gespräch fand als Teil des Fußball-Seminars im Haus der Gewerkschaftsjugend, Oberursel im Februar 1996.

25 Daß ein Teilnehmer plötzlich das „Sie" wählt, könnte daher rühren, daß er etwas „ganz Privates" fragt.

26 Desmond Morris, Das Spiel, München/Zürich 1981, S. 15

27 ebenda

28 W. Erbach, Fußballjugend im Verein, Oberhausen (ohne Jahr), S. 135

29 Die richtige Übersetzung dieser zweifelhaften Weisheit lautet übrigens: Es *möge sein*, daß in einem gesunden Körper auch ein gesunder Geist wohne.

30 zitiert nach W. Erbach, ebenda, S. 137

31 George H. Mead, Geist, Identität und Gesellschaft, Frankfurt/M. 1973. Eine Grundannahme in der Theorietradition des Symbolischen Interaktionismus besteht darin, daß Individuen nur dann Identität und moralisches Bewußtsein entwickeln können, wenn sie in der Lage sind, sich in die Rolle des anderen zu versetzen („Me-Perspektive"), denn nur dadurch, „daß einzelne Individuen die Haltung oder die Haltungen des verallgemeinerten Anderen gegenüber sich selbst einnehmen, ist ein logisches Universum möglich"(Mead).

32 Paris, R., Fußball als Interaktionsgeschehen. In Lindner, R., Hrsg.: Der Satz „der Ball ist rund" hat eine gewisse philosophische Tiefe, Berlin 1983, S. 150

33 Jugendliche, die Schwierigkeiten haben, weil beispielsweise ihre sprachlichen Ausdrucksmittel begrenzt sind, finden oft über das Fußballspiel ihre Chance, sich in das Interaktionsgeschehen einer Gruppe zu integrieren. Sie werden plötzlich angespielt, angerufen und ins Geschehen integriert. Wenn sie dann noch an den ritualisierten Lobesgesten für gelungenes Zuspiel oder einer Rettungsaktion beteiligt sind, kann das die Initiation für eine aktivere Rolle in der Gruppe sein.

34 Die postkonventionelle Ebene besteht aus der Moralstufe 5 (Sozialvertrag, sozialer Nutzen, individuelles Recht) „Gerechtigkeit bedeutet, daß Menschen ihre fundamentalen Rechte wahrnehmen können“, und der Stufe 6 (Universale ethische Prinzipien), „Gerecht sind all jene Regelungen, denen alle Betroffenen zwanglos zustimmen können“.

35 Die konventionelle Ebene besteht aus der Moralstufe 3 (Interpersonaler Konformismus), „Gerecht sind Handlungen, die in meiner Bezugsgruppe gutgeheißen werden“, und der Stufe 4 (Recht und Ordnung), „Gerecht sind jene Handlungen, die den faktisch akzeptierten Regeln der Gesellschaft entsprechen“.

36 Die präkonventionelle Ebene besteht aus der Moralstufe 1 (Heteronomes Urteilen), „Gerecht ist jede Handlung, für die ich belohnt werde“, und der Stufe 2 (Wechselseitiger Instrumentalismus), „Gerecht bedeutet, daß ich jetzt etwas für dich tue, wenn du später etwas für mich tust“. Vgl. L.Kohlberg, The Philosophy of Moral Development: Moral Stages and the Idea of Justice, San Francisco, 1981

37 Das im folgenden aufgeführte Zahlen- und Datenmaterial ist dem Beitrag des leitenden Polizeidirektors (Präsidium Frankfurt) Heinrich Bernhardt in der Schriftenreihe der Polizei-Führungsakademie (PFA) 3/91 entnommen.

38 Diese Wahrnehmung deckt sich mit einer Reihe von Untersuchungen, die festgestellt haben, daß die Zahl der Verletzten bei Fußballspielen im Durchschnitt relativ gering ist. Pro Spiel soll sie etwa bei drei Verletzungen liegen, wobei ein Großteil dieser Verletzungen durch Unfälle verursacht ist. Die Angst vieler Mitmenschen in ein Stadion zu gehen, ist daher völlig unbegründet, da die Wahrscheinlichkeit, verletzt zu werden, ebenso gering ist wie bei einem Einkauf in der Großstadt.

39 ebenda, S. 33

40 Was Buford mit diesen Hinweisen assoziiert bleibt unklar. Allerdings drängt sich die Vermutung auf, daß auch Buford an die falsch verstandene „Weisheit“ glaubt, daß in einem gesunden (= schönen) Körper auch ein gesunder (= nicht böser) Geist steckt.

41 Bill Buford, Geil auf Gewalt, München 1992, S. 216

42 ebenda, S. 234

43 Norbert Elias, Über den Prozeß der Zivilisation, Bern 1968, Bd. I, S. 266

44 ebenda, S. 338, Bd. II

45 Heinrich Bernhardt, a.a.O., S.33

46 Bill Buford, Geil auf Gewalt, München 1992, S. 298 ff

47 Eigentlich komisch, daß „die Buben“ im Seminar angesichts der wunderschönen Doppeldeutigkeit des Begriffs „Fummeln“ nicht laut zu lachen anfangen, wo ihnen doch sonst derartige Doppeldeutigkeiten nicht entgehen.

48 Gerhard Vinnai, Fußballsport als Ideologie, EVA, Frankfurt/M. 1970, S. 29

49 Dietrich Schulze-Marmeling, Der gezähmte Fußball, Göttingen 1992, S. 25

50 zitiert nach: Dietrich Schulze-Marmeling, Der gezähmte Fußball, Göttingen 1992, S.106

51 Leider muß die Eintracht in der Bundesligasaison 96/97 in der Zweiten Liga spielen. Man könnte das Projekt zwar auch mit Vereinen der Zweiten Liga

durchführen, die gerade begonnene Zusammenarbeit würde bei einem Wiederaufstieg der Eintracht in die Erste Liga aber wieder abbrechen.

52 Mit Fußballfans aus Hamburg und Duisburg haben testweise in diesem Sinne bereits Kooperationsveranstaltungen stattgefunden.